财政体制垂直失衡与地方政府激励：
理论与中国经验

刘丹 ○ 著

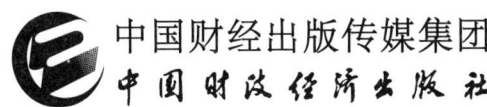

中国财经出版传媒集团
中国财政经济出版社

图书在版编目（CIP）数据

财政体制垂直失衡与地方政府激励：理论与中国经验 / 刘丹著. ——北京： 中国财政经济出版社，2021.11

ISBN 978-7-5223-0833-3

Ⅰ.①财… Ⅱ.①刘… Ⅲ.①地方财政-财政管理体制-研究-中国 Ⅳ.①F812.7

中国版本图书馆 CIP 数据核字（2021）第 202360 号

责任编辑：马　真　　　责任校对：胡永立
封面设计：智点创意　　责任印制：党　辉

财政体制垂直失衡与地方政府激励：理论与中国经验
CAIZHENG TIZHI CHUIZHI SHIHENG YU DIFANG ZHENGFU JILI：
LILUN YU ZHONGGUO JINGYAN

中国财政经济出版社 出版

URL：http：//www.cfeph.cn
E-mail：cfeph@cfeph.cn
（版权所有　翻印必究）
社址：北京市海淀区阜成路甲 28 号　邮政编码：100142
营销中心电话：010-88191522
天猫网店：中国财政经济出版社旗舰店
网址：https：//zgczjjcbs.tmall.com
北京富生印刷厂印刷　各地新华书店经销
成品尺寸：175mm×230mm　16 开　13.25 印张　200 000 字
2021 年 11 月第 1 版　2021 年 11 月北京第 1 次印刷
定价：60.00 元
ISBN 978-7-5223-0833-3
（图书出现印装问题，本社负责调换，电话：010-88190548）
本社质量投诉电话：010-88190744
打击盗版举报热线：010-88191661　QQ：2242791300

前　言

　　党的十八届三中全会提出"财政是国家治理的基础和重要支柱"，党的十九大报告明确"加快建立现代财政制度，建立权责清晰、财力协调、区域均衡的中央和地方财政关系"，"赋予省级以下政府更多自主权"。党的十九届四中全会要求"健全充分发挥中央和地方两个积极性体制机制"，"理顺中央和地方权责关系"，"优化政府间事权和财权划分"。从党的十八届三中全会到党的十九届四中全会，不仅财政体制改革的目标越来越清晰，而且改革的价值取向也在发生变化。较过去的财政体制改革，新时代的财政体制改革真正具有了国家治理的战略意识。因此，我们有理由相信，基于国家治理能力现代化和社会主义现代化建设目标，未来的财政体制改革将对政府间关系确立、市场经济发展，以及经济社会协调发挥更大作用。

　　实际上，纵观中国改革开放之后的经济社会发展，一个不可否认的事实是，财政体制改革的作用非常显著，尤其是 1994 年实施的分税制财政体制改革，对调动各方积极性，尤其对激发地方政府活力、提高中央宏观调控能力，发挥了积极作用。然而，当我们基于国家治理的要求重新评估中国财政体制改革进程时，一个非常突出的问题就是财政体制改革始终没能理顺政府间财政关系，更没能有效发挥政府作用。和其他领域的改革不同，财政体制改革虽然牵涉经济社会的各个方面，但核心的问题就是上下级政府关系。由于政府对经济社会的影响巨大，如果不能很好地处理上下级政府关系，就必然出现政府行为扭曲，进而造成资源错配和社会不公等问题。那么，财政体制如何改革才能处理好上下级政府关系？这不仅需要明确上下级政府关系的财政表现，而且需要明确上级政府如何看待下级政府。前者涉及财政体制改革的内容，后者涉及财政体制改革的价值取向。就前者而言，上下级政府关系的财政表现有两个方面，即政府职责的垂直分工和政府收入的垂直分配。但在中国历次财政体制改革中，改革的重点始终聚焦于政府收入的垂直分配，而关于政府职责的垂直分工总是轻描淡写。当然，这与中国"守土有责"的地方治理逻辑有关，但其带来的问题却非常明显，就是财政体制的垂直失衡。失衡的财政体制一方面造成了地方政府行为扭曲，另一方面又强化了中央对财政体制垂直失衡的依赖。前者的具体表现就是地方政府融资行为失范、竞争行为粗放等，地方政府行为扭曲又进一步加深了财政体制垂直失衡。后者的具体表现就是财政的不断集权和无序的条块治理。对照这个核心问题重新审视党的十八届三中全会后中国提出的《深化财税体制改革总体方案》（以下简称《总体方案》），以及十九大以来提出的财税改革框架，在这一核心问题的解决思路和改革推进路径上都缺乏明晰表述。因此，开展对这一核心问题的研究，对完善《总体方案》和新时代财税改革框架，进而对提高财政治理水平乃至国家治理能力有极其重要的意义。

基于上述分析可以看出，改革中国财政体制，既不是简单的支出责任上移中央，也不只是建立或完善地方税体系，更不是赋予地方政府发债权，同样不是支出责任与事权相匹配，也不是财力协调、区域均衡的央地关系。因为这些只是被动地去解决现行财政体制下存在的问题。改革中国财政体制，首先需要理解中国财政体制垂直失衡这一重要体制特征，因为只有这样，才能看透中国财政体制改革的一贯逻辑和价值取向，才能理解央地互动关系下的地方政府治理困境。其次，需要结合中国政治集权下的市场化改革这个大背景，理解财政体制垂直失衡的合理限度，因为只有用整体视野俯视中国财政体制问题，才能避免中国财政体制改革中出现的过度集权和过度分权问题。

本书按照如下逻辑展开：首先，在文献梳理基础上，归纳已有文献基于成熟市场经济国家提出的财政体制垂直失衡测度方法,分析不同方法在中国运用的局限,并结合中国条块兼容管理体制,建立适合中国国情的财政体制垂直失衡测度方法,利用这一方法,测度央地之间的财政体制垂直失衡水平,并对其趋势特征和地区结构进行比较分析。其次,分析财政体制垂直失衡的形成机制。重点揭示 VFI(Vertical Fiscal Imbalance)的影响因素,除了体制本身因素,软预算约束和财政竞争是造成财政体制垂直失衡程度加深的两个重要机制。最后,对财政体制垂直失衡的地方激励效应进行实证评估,重点讨论财政体制垂直失衡对地方政府举债融资行为、税收征收行为及公共品供给的影响,还讨论了地区的异质性,并基于公共品供给提出了最优垂直失衡水平。

经过研究,我们得到了一些有意义的结论:

第一,中国财政体制垂直失衡问题的研究应立足中国的财政分权体制实际,不能简单地套用西方的概念和测度方法。本书认为,中国的财政体制垂直失衡应该界定为:在中国分税制改革和政治集权背景下,中央和地方政府事权、支出责任及执行责任的分离所导致的地方政府分担较多的事权、支出责任、中央委托代办及央地共同办理的执行责任与较少的自有财力之间的不平衡格局。在此基础上,本书区分出地方本级支出中应由地方政府承担完全支出责任的支出、应由中央和地方政府共同承担的支出和地方政府不该承担的支出(即应由中央政府承担完全支出责任的支出),计算其与地方政府现有收入的差额,进一步得出中国的财政体制垂直失衡程度。研究发现,1994—2015 年,VFI_1 在 -0.9921 至 -0.5634 之间波动,均值为 -0.7411;VFI_2 的波动范围为 $0.0617—0.2084$,均值为 0.1367;VFI_3 的波动范围为 $0.0623—0.2101$,均值为 0.1399。分地区来看,东北和西部地区的 VFI_2 和 VFI_3 水平较高。研究结论表明:中国的财政体制垂直失衡呈现整体上升趋势;央地共担支出及本不应由地方政府承担的支出的增加,是导致财政体制垂直失衡的主要原因;东北和西部地区的财政体制垂直失衡程度较深。

第二,在控制相关影响因素后,财政体制垂直失衡主要是由体制本身所造成的，但除此之外，预算约束软化机制也是一个重要影响机制，预算约束软化程度上升，显著加深了财政体制垂直失衡程度。相比较，原本认为会对财政体制垂直失衡有影响的晋升竞争机制，却并没有对财政体制垂直失衡产生显著影响。考虑地区异质性因素，西部地区财政体制垂直失衡受体制的影响程度较大，在考虑体制因素影响的情况下，晋升竞争对东部地区的财政体制垂直失衡有着较强的正向激励，即东部地区的晋升竞争更容易引起地方政府扩大支出，从而导致财政体制垂直失衡程度的加深。从预算软约束的影响来看，对东部地区的财政体制垂直失衡的影响显著为正，而对中西部地区的影响并不明确。积极财政政策的实施在一定程度上抑制了预算软约束及晋升竞争对财政体制垂直失衡的影响，但仍未削弱这二者本身对地方政府增支的正向影响。

第三，中国的财政体制垂直失衡增加了地方政府支出需求压力，进而激励了地方政府举债融资，而在预算法约束下，地方政府的举债融资激励主要体现在预算法框架外的平台举债行为。财政体制垂直失衡对地方政府的影响成为许多分权体制国家极力解决财政体制垂直失衡的重要原因。转移支付本身作为矫正财政体制垂直失衡的重要机制，理论上应该能够弱化或者在一定程度上缓解财政体制垂直失衡的扭曲效应。本书的研究证实了这一观点。无论是转移支付整体，还是从财力性和专项转移支付来看，都对财政体制垂直失衡发挥了较强的矫正功能，其中，财力性转移支付的矫正效果更为显著。

第四，1994年的分税制改革在大幅提升两个比重、调动中央和地方两个积极性方面取得了较大的成就，但由此产生的财政体制垂直失衡却扭曲了地方政府的财政纪律，这一影响主要是通过转移支付形成的公共池效应和预算软约束产生的。本书检验了财政体制垂直失衡对地方政府征税行为的影响。我们发现，财政体制垂直失衡显著降低了财政总收入和税收总收入，论证了我们关于财政体制垂直失衡会损坏地方财政纪律的假设，具体表现为地方财政征收努力的下降。我们又进一步区分了地方税征收和共享税征收行为，发现财政体制垂直失衡对地方税征收的影响较为显著，而对共享税的征收并没有太大影响。

第五，财政体制垂直失衡是一个世界性现象，这就意味着，一定程度的体制失衡有其合理性。因为一定程度的体制失衡是确保职责垂直分工和税收征收效率的一个必要代价。但超过限度的失衡必然会伤及失衡地区地方政府的积极性，同时也会扭曲上级政府治理行为。本书实证检验财政体制垂直失衡对地方政府经济性公共品供给的影响，计量结果显示，财政体制垂直失衡对经济性公共品供给的影响在1%水平上显著，且呈倒"U"形。VFI_3的最适水平为0.1841。通过对各地区财政体制垂直失衡的测度来看，东北和西部地区的VFI_2、VFI_3均大于财政体制垂直失衡最优水平。这就意味着，为了更好地激励地方政府公共品供给行为，需要在降低财政体制垂直失衡上做出努力。

在本书的写作过程中，李永友老师给予了悉心的指导，张帆老师参与了第5章和第6章的写作，同时，课题组其他成员也提供了大力的支持，在此一并表示感谢。书中不足之处，敬请批评指正。

刘 丹

2021年8月

Foreword

The Third Plenary Session of the Eighteenth Central Committee of the Communist Party of China proposed that "Public finance is the foundation and important pillar of national governance", and the report of the Nineteenth National Congress of the Communist Party of China made it clear to "expedite the creation of a modern public finance system, and establish a fiscal relationship between the central and local governments built upon clearly defined powers and responsibilities, appropriate financial resource allocation, and greater balance between regions", and "give more autonomy to governments below the provincial level". The Fourth Plenary Session of the Nineteenth Central Committee called for "improving the system and mechanisms to give full play to the enthusiasm of the central and local governments", "straightening out the relationship between central and local powers and responsibilities", and "optimizing the division of administrative and fiscal powers among governments". From the Third Plenary Session of the Eighteenth Central Committee to the Fourth Plenary Session of the Nineteenth Central Committee, not only the objectives of the fiscal system reform are becoming clearer, but also the value orientation of the reform is changing. Compared with the past fiscal system reform, the fiscal system reform in the new era really has the strategic consciousness of national governance. Therefore, it is reasonable to believe that, based on the modernization of national governance capacity and the goal of socialist modernization, the future reform of the fiscal system will play a greater role in the establishment of intergovernmental relations, the development of market economy, and economic and social coordination.

In fact, looking at the economic and social development after China's reform and opening – up, it is an undeniable fact that the reform of the fiscal system has played a very significant role, especially in the reform of the tax – sharing fiscal system implemented in 1994, which has aroused the enthusiasm of all parties, especially in stimulating the vitality of local governments and improving the ability of the central government to control macro – economy. However, when we reevaluate the reform process of China's fiscal system based on the requirements of national governance, a typical problem is that the reform of the fiscal system has never been able to straighten out the fiscal relationship between governments, nor can it effectively solve how to play the role of the government better. Unlike reforms in other fields, the reform of the fiscal system involves all aspects of the economy and society, but the core problem is the relationship between the higher and lower levels of government. As the government has a tremendous impact on the economy and society, if we can not properly handle the relationship between the higher and lower levels of government, there will inevitably be distortion of government behavior, which will lead to resource mismatch and social injustice. Then, how can the fiscal system reform be able to properly handle the relationship between the higher and lower governments? This requires not only a clear fiscal performance of the relationship between the higher and lower levels of government, but also a clear understanding of how the higher level of government views the lower level of government. The former involves the contents of the fiscal system reform, and the latter involves the value orientation of the fiscal system reform. As far as the former is concerned, the fiscal performance of the relationship between the superior and the subordinate governments has two aspects: the vertical division of government responsibilities and the vertical distribution of government revenue. However, in the past fiscal system reform in China, the focus of reform has always been on the vertical distribution of government revenue, and the vertical division of government responsibilities is always understated. Of course, this has something to do with the logic of local governance in China, but the problem is very obvious, that is, the vertical imbalance of the fiscal system. The unbalanced fiscal system, on the one hand, distorts the behavior of local governments, on the other hand, strengthens the central government's dependence on the vertical imbalance of the fiscal system. The former is manifested in the anomie of local government financing behavior and extensive competition behavior, and the distortion of local government behavior further deepens the vertical imbalance of the fiscal system. The latter is manifested in fiscal centralization and disorder. In contrast to this core issue, we re-examine the "General Plan for Deepening the Reform of the Fiscal and Tax System" (hereinafter referred to as the "General Plan") put forward by China after the Third Plenary Session of the Eighteenth CPC Central Committee and the fiscal and taxation reform framework put forward in the report of the Nineteenth CPC National Congress, there is a lack of clear expression on the solution to this core problem and the path of reform. Therefore, the study of this core issue is of great significance to the perfection of the General Plan and the framework of fiscal and taxation reform in the new era, and then to the improvement of the level of fiscal governance and even the ability of national governance.

Based on the above analysis, it can be seen that the reform of China's fiscal system is neither a simple shift of expenditure responsibility to the central government, nor the establishment or improvement of the local tax system, nor the granting of creditor's rights to the local government, nor the matching of expenditure responsibility and power, nor the coordination of fiscal resources and regional balance between the central and local governments. Because these are only passive solutions to the problems existing in the current fiscal system. To reform China's fiscal system, we must understand the vertical imbalance of China's fiscal system first, which is an important institutional feature. Only in this way can we understand the consistent logic and value orientation of China's fiscal system reform and the dilemma of local government governance under the interaction between central and local governments. Secondly, it is necessary to understand the reasonable limits of the vertical imbalance of the fiscal system in the context of the market – oriented reform under China's political centralization, because only by looking down on the problems of China's fiscal system from a holistic perspective can we avoid the problems of excessive centralization and decentralization in China's fiscal system reform.

The research is carried out in accordance with the following logic: Firstly, on the basis of literature review, this book summarizes the existing methods of measuring vertical fiscal imbalance proposed by mature market economy countries, analyzes the limitations of different methods used in China, and establishes a method of measuring vertical fiscal imbalance which is suitable for China's national conditions by combining with China's block compatible management system. Measuring the level of vertical fiscal imbalance between central and local governments, and making a comparative analysis of its trend characteristics and regional structure. Secondly, the formation mechanism of vertical fiscal imbalance is analyzed. Besides the system itself, soft budget constraint and fiscal competition are two important mechanisms that cause the deepening of vertical fiscal imbalance. Thirdly, this book makes an empirical study on the impact of vertical fiscal imbalance, focusing on the impact of local government debt financing, tax collection and public goods supply under vertical fiscal imbalance, and discusses the regional heterogeneity respectively, and proposes the optimal level of vertical imbalance based on public goods supply.

After studying, we got some meaningful conclusions.

Firstly, the study of the vertical imbalance of China's fiscal system should be based on the reality of China's fiscal decentralization system, and should not simply apply Western concepts and measurement methods. This book holds that the vertical imbalance of China's fiscal system should be defined as the following: under the background of China's tax – sharing reform and political centralization, the imbalance between the local governments' sharing of more powers, expenditure responsibilities, the execution responsibilities of the central entrusted agency and the co – operation responsibilities of the central and local governments caused by the separation of central and local governments' powers, expenditure responsibilities and execution responsibilities and less fiscal resources. On this basis, this book distinguishes the expenditure that the local government should bear full responsibility for expenditure at the local level, the expenditure that the central and local governments should bear jointly, and the expenditure that the local government should not bear (that is, the expenditure that the central government should bear full responsibility for expenditure), and calculates the difference between the expenditure and the existing income of the local government. Then, we can further draw the vertical imbalance of China's fiscal system. From 1994 to 2015, VFI_1 fluctuated between $-0.9921 \sim -0.5634$ with an average of -0.7411; VFI_2 fluctuated between $0.0617 \sim 0.2084$ with an average of 0.1367; VFI_3 fluctuated between $0.0623 \sim 0.2101$ with an average of 0.1399. From the regional perspective, the VFI_2 and VFI_3 levels in the northeast and west regions are relatively high. The results show that the vertical imbalance of China's fiscal system is on the rise as a whole; the increase of central and local governments' share of expenditure and expenditure that should not be borne by local governments are the main reasons leading to the vertical imbalance of the fiscal system; the degree of the vertical imbalance of the fiscal system in Northeast and West China is deeper.

Secondly, the study finds that after controlling the relevant factors, the vertical imbalance of the fiscal system is mainly caused by the system itself, but in addition, the softening mechanism of budget constraints is also an important influencing mechanism, the softening degree of budget constraints has significantly deepened the degree of vertical imbalance of the fiscal system. In contrast, the political tournament mechanism originally thought to have an impact on the vertical fiscal imbalance has no significant impact on the vertical fiscal imbalance. Considering the regional heterogeneity, the vertical fiscal imbalance in the western region has a greater impact. Considering the influence of the institutional factors, the political tournament has a strong positive incentive to the vertical imbalance of the fiscal system in the eastern region, that is, the political tournament in the eastern region is more likely to cause the local government to expand expenditure, which deepens the vertical imbalance of the fiscal system. Given the impacts of soft budget constraints on the vertical fiscal imbalance, the result for eastern regions show positive signs but it is not clear for central and western regions. The implementation of active fiscal policy has restrained the influence of soft budget constraint and political tournament on the vertical fiscal imbalance to a certain extent, but has not weakened the positive impact of the two on local government spending.

Thirdly, the vertical imbalance of China's fiscal system increases the pressure on local government expenditure, which stimulates local governments to borrow and finance. Under the constraints of budget law, the incentive of local governments to borrow and finance is mainly reflected in the platform borrowing behavior outside the framework of the budget. The impact of the vertical fiscal imbalance on local governments has become an important reason for many decentralized countries to strive to reduce the vertical fiscal imbalance. As an important mechanism to rectify the vertical imbalance of the fiscal system, transfer payment should weaken or alleviate the distortion effect of the vertical imbalance of the fiscal system in theory. This study confirms this view. Both the transfer payments as a whole and the general and special transfer payments alone play a strong role in correcting the vertical imbalance of the fiscal system, among which the general transfer payments have a more significant correcting effect.

Fourthly, the reform of the tax distribution system in 1994 has made great achievements in raising two proportions and motivating the enthusiasm of the central and local governments. However, the resulting vertical imbalance in the fiscal system distorts the fiscal discipline of local governments, which is mainly due to the public pool effect and soft budget constraint formed by transfer payments. This book examines the impact of vertical fiscal imbalance on local governments taxation. We find that the vertical imbalance of the fiscal system significantly reduces the total fiscal revenue and the total tax revenue, demonstrating our hypothesis that the vertical imbalance of the fiscal system will damage local fiscal discipline, which is manifested in the decline of local fiscal collection efforts. We further distinguish the local tax collection from the sharing tax collection, and find that the vertical imbalance of the fiscal system has a more significant impact on the local tax collection, but not on the sharing tax collection.

Fifth, it is very common to see vertical imbalance of the fiscal system all over the world, which means that a moderate degree of institutional imbalance has its rationality. Because a moderate system imbalance is a necessary cost to ensure the vertical division of duties and the efficiency of tax collection. But the imbalance beyond the limit will inevitably hurt the enthusiasm of the local governments in the imbalanced areas, and will also distort the governance behavior of the superior governments. This book empirically examines the impact of the vertical imbalance of the fiscal system on the economic public goods supply of local governments. The results show that the impact of the vertical fiscal imbalance on the economic public goods supply is significant at the level of 1%, and is inverted U – shaped. The optimal level of VFI_3 is 0.1841. According to the measurement of the vertical imbalance of the fiscal system in various regions, the VFI_2 and VFI_3 in Northeast and West China are greater than the optimal level of the vertical fiscal imbalance. This means that efforts should be made to reduce the vertical imbalance of the fiscal system in order to better motivate the local government to supply public goods.

During the writing of this book, Professor Li Yongyou gave meticulous guidance, Professor Zhang Fan participated in the writing of chapter 5 and chapter 6, and other members of the research group also provided strong support, I would like to express my gratitude. Any deficiencies in the book are appreciated.

Liu Dan

August, 2021

目　录

第1章　导论 ………………………………………………………… (1)
　　1.1　研究背景及研究意义 ……………………………………… (3)
　　1.2　文献回顾与评述 …………………………………………… (6)
　　1.3　主要内容及分析框架 ……………………………………… (24)
　　1.4　主要研究方法 ……………………………………………… (26)
　　1.5　创新之处 …………………………………………………… (27)

第2章　理论分析 …………………………………………………… (29)
　　2.1　政府事权和支出垂直配置理论 …………………………… (31)
　　2.2　政府收入垂直配置理论 …………………………………… (36)
　　2.3　政府间转移支付/纠偏理论 ………………………………… (38)
　　2.4　上述理论与地方政府行为的内在逻辑关系探讨 ………… (40)

第3章　中国财政体制运行实践 …………………………………… (45)
　　3.1　中国财政体制改革历程 …………………………………… (47)
　　3.2　中国财政体制存在的问题 ………………………………… (57)

第4章　财政体制垂直失衡的测度与特征分析 …………………… (63)
　　4.1　引言 ………………………………………………………… (65)

4.2 财政体制垂直失衡的概念界定 …………………………………… (67)
4.3 财政体制垂直失衡的测度 ……………………………………… (71)
4.4 财政体制垂直失衡的多维分析 ………………………………… (80)
4.5 本章小结 ………………………………………………………… (86)

第5章 财政体制垂直失衡的形成机制研究 ……………………………… (89)
5.1 引言 ……………………………………………………………… (91)
5.2 机制分析与研究假说 …………………………………………… (92)
5.3 实证策略 ………………………………………………………… (96)
5.4 实证结果分析 …………………………………………………… (100)
5.5 进一步讨论 ……………………………………………………… (102)
5.6 本章小结 ………………………………………………………… (105)

第6章 财政体制垂直失衡对地方政府举债融资的影响 ………………… (107)
6.1 引言 ……………………………………………………………… (109)
6.2 机制分析与研究假说 …………………………………………… (112)
6.3 实证策略 ………………………………………………………… (113)
6.4 实证结果分析 …………………………………………………… (115)
6.5 进一步讨论 ……………………………………………………… (117)
6.6 本章小结 ………………………………………………………… (118)

第7章 财政体制垂直失衡对地方政府征税行为的影响 ………………… (121)
7.1 引言 ……………………………………………………………… (123)
7.2 机制分析与理论假设 …………………………………………… (126)
7.3 实证策略 ………………………………………………………… (128)
7.4 实证结果分析 …………………………………………………… (130)
7.5 进一步讨论 ……………………………………………………… (133)

7.6 本章小结 ……………………………………………………… (138)

第8章 财政体制垂直失衡对地方政府公共品供给的影响 ……… (141)
8.1 引言 …………………………………………………………… (143)
8.2 财政体制垂直失衡与经济性公共品供给 …………………… (145)
8.3 财政体制垂直失衡与社会性公共品供给 …………………… (147)
8.4 一个拓展：财政体制垂直失衡的最适水平——基于经济性
　　公共品供给的探讨 ………………………………………… (149)
8.5 本章小结 …………………………………………………… (157)

第9章 研究结论、政策建议与研究展望 ……………………… (159)
9.1 研究结论 …………………………………………………… (161)
9.2 政策建议 …………………………………………………… (163)
9.3 研究不足与展望 …………………………………………… (169)

参考文献 ………………………………………………………… (171)

第 1 章

导　论

党的十八届三中全会提出"财政是国家治理的基础和重要支柱",党的十九大报告提出"建立权责清晰、财力协调、区域均衡的中央和地方财政关系",以及"赋予省级以下政府更多自主权"。党的十九届四中全会通过的《中共中央关于坚持和完善中国特色社会主义制度　推进国家治理体系和治理能力现代化若干重大问题的决定》中指出"健全充分发挥中央和地方两个积极性体制机制","理顺中央和地方权责关系","优化政府间事权和财权划分"。1994年实施的分税制财政体制改革,对调动各方积极性,尤其对激发地方政府活力,提高中央宏观调控能力,发挥了积极作用。然而,当我们基于国家治理的要求重新评估中国财政体制改革进程,一个典型问题非常突出,就是财政体制垂直失衡。尽管从国际经验来看,财政体制垂直失衡是分权型财政体制的普遍事实,但不可否认的是,其会对地方政府行为产生一定的扭曲效应。基于此,我们将研究主题聚焦于财政体制垂直失衡问题,不仅有助于寻找当前财政体制受到诟病的根源,更有利于建立"权责清晰、财力协调、区域均衡"的政府间关系。

1.1　研究背景及研究意义

财政是国家治理的基础和重要支柱,财政体制作为这个基础和支柱的重要组成,不仅直接决定着政府与市场的关系,还决定了层级政府间权责关系,两者又进一步决定了国家治理绩效。正因如此,财政体制改革一直被各国所重视,尤其是在过去40多年时间中,分权改革成了一种世界潮流。然而,虽然分权是一种共同取向,但其改革实践在国家间存在很大差异。作为一个大国经济体,自1978年改革开放,中国也开启了财政体制的分权改革之路,并在1994年最终确定了分税制财政体制。尽管在1994年之后,中国也对财政体制进行了一定调整,但整体框架和主要特征基本未变。从已有文献对中国财政体制的分权改革评价看，中国1994年确立的财政分权体制在激励地方政府主导本地经济发展方面发挥了重要作用，被认为是中国实现近20年高速发展的有效激励机制（张五常，2012；Yao，2014）。然而，由于中国1994年的财政体制分权改革是在集权政治体制和行政性分权体制下展开的，再加上分权改革的目标是提高两个比重，所以改革的一个自然结果就是，财政收入集中度向上逐级提高，财政支出责任向下逐级提高。不仅如此，由于特殊的条块共治体制，无论是财政收入，还是财政支出责任，其垂直分配不仅发生在层级政府之间，而且发生在职能部门垂直层级之间。两方面原因结合在一起，使中国1994年确立的财政分权体制呈现出一个明显特征，即垂直财政失衡①。地方政府及其职能部门接受了太多事责，但仅分配到相对较低的财力。为了弥补下级政府的事责所需财力缺口，上级政府——主要是中央政府——不得不借助于大规模转移支付，同时为下级政府的一些融资行为留出一定空间。在这种体制下，地方政府既要积极发展经济，通过扩大税基提高地方财政能力，又要调动各方面因素扩大融资途径。两种效应的结合带来了一个必然结果，就是地方政府各种债务不断积聚。为了规范地方政府举债行为，中央政府采取了一系列措施，包括普查债务、放松地方政府自主举债限制等。但由于缺乏对垂直财政失衡的深入研究，一系列措施并没有真正解决地方政府不规范的融资行为。例如，地方政府通过购买服务、公私合营等方式实现融资。

作为中国财政分权体制的最重要特征，垂直财政失衡可以说是认识中国奇迹和各种失衡问题的一个现实背景。因为在中国，政府主导是地方经济社会发展的主要模式。在这样一种治理模式下，地方政府治理就成了国家治理中最核心的内容。为了激励地方政府做到两个响应，即既要能够贯彻中央指示精神，又要能够对辖区经济社会发展负责，以稳固基层政权，中央政府需要同时利用两个工具，即用地方主要领导的垂直任命和中央巡视检查解决第一个

---

① 也有学者称之为纵向财政失衡，与垂直财政失衡意义相同，本书采用垂直财政失衡的说法，后文不再赘述。

响应问题,用经济激励解决第二个响应问题。其中,经济激励的主要途径就是实施行政权下移和财政收入集中。行政权下移让地方政府在做事上拥有充分自主权,以调动地方政府主观能动性。财政收入上移则让地方政府始终处于资金饥渴之中,以便让中央转移支付发挥作用,同时激励地方政府扩大融资途径和税收基础。财政体制中的事责和财力的垂直失衡可以说是中国实现第二种响应最重要的制度安排。这种制度安排也是中央政府实现第一种响应的制度基础,因为无论是垂直任命还是巡视检查,基本上都是落在地方政府收支活动上,垂直任命下的晋升激励需要地方政府有参与竞争的物质条件,巡视检查需要地方政府有财政收支上的不规范行为。然而,已有文献对中国这一重要体制特征的研究主要集中于支出分权和收入集中的影响,这是因为在中国,虽然新旧预算法都曾明确"一级政府,一级财政",但并没有对各级政府支出责任有过清晰界定,导致现实中财政体制垂直失衡不能仅就一级政府的支出和收入比较加以测度,因为在一级政府实际的支出中,并不清楚哪些是其应有职责,哪些是上级政府委托职责。因此,需要立足中国的国情,结合中国的财政体制改革实践,对财政体制垂直失衡进行新的概念界定和测度。

失衡的财政体制一方面造成了地方政府行为扭曲,另一方面又强化了中央对财政体制垂直失衡的依赖。前者具体表现就是地方政府融资行为失范,竞争行为粗放等,地方政府行为扭曲又进一步加深了财政体制垂直失衡。后者具体表现就是财政的不断集权和无序的条块治理。对照这个核心问题重新审视党的十八届三中全会后中国提出的《深化财税体制改革总体方案》(以下简称《总体方案》),以及党的十九大报告提出的财税改革框架,在这一核心问题的解决思路和改革推进路径上都缺乏明晰表述。因此,开展对这一核心问题的研究,立足中国实际厘定财政体制垂直失衡的内涵、测度财政垂直失衡程度、探索财政垂直失衡的形成机制、研究其对地方政府行为的影响,这些都将对完善《总体方案》和新时代财税改革框架,提高财政治理水平,乃至国家治理能力有极其重要的理论和实践意义。

1.2 文献回顾与评述

表面上看，财政体制是处理政府内部不同层级政府责权配置问题，以最大化政府组织效率为目标。但实际上，财政体制是以正确处理政府与市场、公权与私权关系为前提，所以财政体制首先是界定政府和公权力边界。如果一国财政体制安排不以此为起点，即使组织效率再高，也不可能实现财政制度现代化和社会福利最大化。财政体制的重要性使其成为学术界持续研究的一个重要领域。中国1994年推行的分税体制改革，在维护市场发展、激励地方政府发展经济方面发挥了重要影响（Montinola等，1995；Weingast，2009）。张军（2013）指出，分税制是确保大国经济持续增长的基本机制。但是，由于中国的分税体制是为了解决两个比重问题，因此，整个制度设计不免带有很强的过渡性和局限性，体制安排呈现出多边垂直失衡特征。近年来经常提及的事权与支出责任不相适应，实际上就是财政体制垂直失衡的一个表现。围绕着财政分权体制制度设计，尤其是中国财政分权体制的多边失衡，国内外学术界开展了深入研究。这些研究大致可归纳为如下三个方面：财政分权体制垂直失衡的定义；财政体制垂直失衡的测度；财政体制垂直失衡的激励结构。

1.2.1 财政体制垂直失衡的定义

1.2.1.1 国外研究

财政分权体制的核心就是支出和筹集收入职能在政府间配置，而如何配置才是最优，则是自 Tiebout（1956）、Musgrave（1959）、Oates（1972）等研究就一直是财政联邦理论的经典问题之一。从各国财政实践看，Bergvall 等（2006）的研究显示，几乎所有联邦体制国家都存在着下级政府支出大于自有收入的情况。而 Bouton 等（2008）的研究也表明，在 OECD 国家，政府支出的 30% 以上被分权给下级政府，而只有不到 20% 的收入由下级政府筹集。这些经验证据意味着，支出和收入不平衡是财政分权体制所固有的一种现象。学术界将这种现象称为垂直财政不平衡（Vertical Fiscal Imbalance，也有文献将其称为财政垂直不平衡，即 Fiscal Vertical Imbalance），将下级政府支出与收入差距称为垂直财政缺口（Vertical Fiscal Gap）。然而 Hettich 和 Winer（1986）研究指出，尽管垂直财政不平衡（以下简称 VFI）被使用了几十年并被广泛接受，但它却一直未获得一个逻辑一致的定义。为此，两位作者首次提出了一个理论框架讨论 VFI，并试图给出它的正式定义。在此基础上，区别了 VFI 规范和实证解释，以及短期和长期差异。根据两位作者基于多数规则的简单三部门模型，以及资源约束下的产出部门间配置分析，长期 VFI 是与资源不同配置均衡相关的福利损失。由于长期 VFI 是结构问题，所以不可能通过某一级政府的预算政策获得解决。短期 VFI 则是状态矢量发生变化后保持某种配置产生的效率损失。基于理论分析，两位作者对传统以赤字度量 VFI 的方法提出了质疑，认为赤字既与长期 VFI 无关，也与短期 VFI 无关。同时，两位作者也对 Hunter（1977）以下级政府控制收入的比例衡量 VFI 提出不同意见，他们认为，Hunter 只是构建了一个技术方法，而这个方法依赖于不同收入控制权重的估计，所以不可能提供一个客观度量。然而，两位作者并没有在研究中提出可用于实证分析的 VFI 度量方法。

在其之后，有关垂直财政不平衡的定义和度量似乎又回到了传统。例如，Dollery（2002）研究澳大利亚垂直财政不平衡的世纪变迁时，就提到澳大利亚宪法中支出职能和收入筹集能力分配造成了严重垂直财政不平衡。联邦政府筹集的资金超过了自己支出需要，而州和地方政府支出活动却不能获得充分融资支持。相比较发达经济体，澳大利亚联邦体制存在着联邦政府与下级政府收入和支出之间巨大的垂直财政不平衡。在他的研究中，垂直财政不平衡被定义为某级政府自有收入相对其自有经常性支出的比率。Boadway 和 Tremblay（2006）虽然是从联邦政府对下级政府转移支付角度定义垂直财政不平衡，方向上与前一篇文献不同，但本质是一样的。正如两位作者在文中所述，政府间转移支付纯粹是对支出和收入筹集当局不对称分权的被动反应。在分权体制下，转移支付既可以被用于均衡地区财力，避免要素无效率地跨区域流动，实现横向公平，又可以被用于抵消地方政府之间财政外部性，甚至也被用于保护地方政府财政能力免受异质冲击。在两位作者看来，转移支付的所有上述目标都是要求联邦收入和支出义务之间的不对称，后者被指垂直财政缺口。此外，这篇文献还遵循了 Hettich 和 Winer（1986）传统，试图提出垂直财政不平衡的一个更加正式的概念。研究认为，任何垂直财政不平衡的概念都必须以垂直财政平衡为基准。然而，在这篇文献中，垂直财政平衡不是各级政府自有支出与收入完全对应，而是存在一个最优垂直财政缺口。有了这个基准，垂直财政不平衡就被定义为任何偏离于最优垂直财政缺口情形。除了上述两篇文献，Shah（2007）也曾定义过垂直财政不平衡。根据他的定义，垂直财政不平衡就等于转移支付需要。在他看来，当垂直财政缺口不能适当地通过支出义务重新配置或财政转移支付解决，垂直财政不平衡就会出现。

尽管垂直财政不平衡定义很多，丰富了垂直财政不平衡的认识，但定义多也使垂直财政不平衡概念变得很模糊。为了给出一个既统一又有理论基础的定义，Sharma（2007）认为对垂直财政不平衡的理解应回归其原始意义。他认为，垂直财政不平衡既没有被普遍接受的定义，也没有被共同接受的度量方法。为了通过拯救 VFI 概念解决术语上的模糊表达，作者首先归纳了已有文献的 VFI 和 VFG 定义和度量方法。在此基础上，又提出垂直财政不对称概念（Vertical Fiscal Asymmetry，VFA），后者被定义为下级政府相比于中央政府，被分配了更多支出义务和更少收入。在指出三个概念被经常混用之后，文章认为，VFI 和 VFG 在描述 VFA 时不仅是不同的术语，而且也是不同的概念视角，后者对如何解决 VFA 会有不同策略。因此，VFA 既不应被称为 VFI，也不应被称为 VFG。因为 VFA 有时反映的恰是事物合意状态，从而使其无须通过政府间职能重新配置来解决，而是需要通过转移支付弥补缺口。根据这种关系，他认为存在 VFI 就一定会存在一个没有被充分填充的缺口，而存在 VFG 不一定意味着就存在 VFI，所以 VFI 和 VFG 反映了对 VFA 的不同价值判断。为了让三者关系更加清晰可辨，作者进一步指出 VFI 和 VFG 不同的预设前提，其中 VFI 的预设前提是自利型政府，政府间转移支付被认为是一种导致公共部门过分扩张的共谋机制。在此预设前提下，分权会促进政府间竞争、税收分割和对选民负责，所以下级政府自有收入充分与否是分权体制的主要问题。VFG 的预设前提则是仁慈型政府，政府间转移支付被认为是政府能够处理分权失灵的协调机制。在这个预设前提下，分权可以促进合作、税收分享和向上级政府负责，所以转移支付充分与否是分权体制的主要问题。基于对 VFI 和 VFG 不同预设前提的分析，Sharma（2012）认为，VFI 只是被用于代表一种特殊类型的收入—支出不对称（VFA）。根据他的分析，垂直财政不对称有三种类型：第一种类型是财政不平衡的财政不对称，即收入权和支出责任在垂直政府间不适当配置，这种状态可能通过收入筹集权力的重新配置得到解决；第二种是没有财政不平衡但有一个财政差距的财政不对称，这种情况才是 VFG，垂直财政差距意味着有一个合意的收入—支出不对称，但存在一个需要解决的财政差距，这种情况一般通过政府间转移支付重新核准解决；第三种既没有财政不平衡又没有财政差距的财政不对称，这种情况被定义为垂直财政差异（Vertical Fiscal Difference），即政府间存在着合意的收入支出不对称，并且收支之间也不存在财政缺口，这种状态的财政不对称不需要采取任何措施解决。

Shama（2007，2012）所建立的 VFI 概念性分析框架为后续研究提供了认识 VFI 的更多视角，不同研究根据自己研究需要采用不同 VFI 定义。例如 Boadway 和 Tremblay（2010）在研究流动性与 VFI 关系时就采用了最优财政缺口这个基准，并将 VFI 定义为偏离于最优财政缺口的情形。根据这篇文章定义，垂直财政不平衡就是财政责任在政府间配置没有达到最优财政缺口的状态。Crivelli（2012）在研究转型经济国家的财政平衡与私有化问题时也使用了财政不平衡概念。在他的研究中，垂直财政平衡被定义为下级政府财政自治。Dahlby 和 Rodden（2013）在研究垂直财政缺口和垂直财政不平衡产生的原因时，从资源均衡配置角度定义了垂直财政不平衡，即当由联邦和州政府提供的公共服务边际收益比率不等于两级政府生产的相对边际成本时，垂直财政不平衡就会发生。Eyraud 和 Lusinyan（2013）在研究发达国家垂直财政不平衡与财政绩效时，根据实证需要，将垂直财政不平衡定义为下级政府自有收支缺口，这个定义和国内学者对中国财政体制中事权与财权、事权与财力，以及事权与财政支出责任不匹配问题的理解基本一致。Aldasoro 和 Seiferling（2014）在研究垂直财政不平衡与政府债务累积关系时提出，下级政府借债在理解垂直财政不平衡动态时非常重要。基于动态视角的分析，这篇文章不是仅仅将垂直财政不平衡定义为转移支付依赖程度，而是在此基础上，包括了下级政府借债。之所以这样定义，文章认为借债是下级政府财政自治的一个重要表现。

1.2.1.2 国内研究

国内学者对中国分税制财政体制中存在的政府间财政收支不平衡理解基本一致。楼继伟（2013）认为，中国财政体制中不平衡主要表现为中央政府直接管理的事务太少，而通过大规模转移支付补助地方管理的事务，客观上又不同程度干预了地方事权。通俗地说，中国财政体制中垂直财政不平衡就是政府间事权和支出责任不匹配。

1.2.1.3 评述

尽管学术界对垂直财政不平衡定义有了诸多研究，但还存在可以进一步拓展的研究空间。一是学术界对支出责任与事权、执行责任的讨论不是很充分，甚至未有这方面研究。已有研究基本上将事权和支出责任对应起来，很少考虑执行责任。这种情况在下级政府自治程度较高的经济体，的确不重要，因为在这样的经济体中，事权与执行责任是统一的，而事权本身就意味着支出责任，所以三者不加区别使用也没有太大问题。但在转型经济体，尤其是政治上集权的经济体，事权和执行责任往往高度分离。在这种体制中，垂直财政不平衡就不能简单理解为自有收入与自有支出的差异，或者转移支付依存度，即使将地方政府借债也包括进来，也未必能反映真实的垂直财政不平衡。由于事权和执行责任的分离，垂直财政不平衡需要新的定义，而基于事权与执行责任分离视角，解决垂直财政不平衡的思路也会不同于仁慈或自利型政府视角的解决思路。二是和国外研究相比，学术界对中国财政分权体制中存在的垂直财政不平衡现象的研究还非常有限。中国1994年实行的分税制财政体制，尽管备受学术界诟病，但研究更多停留于口号式分析，即提出所谓的事权与支出责任相适应。其实，这是一个极不具有操作性的研究，因为在逻辑上，这两者始终是一致的，而且永远是一致的。用经济学语言说就是，谁决策谁买单，但实际上在这中间还存在着谁执行的问题，所以缺乏对中国财政体制中垂直财政不平衡问题的深入研究，不可能真正揭示中国财政分权体制的核心问题。

1.2.2　财政体制垂直失衡的测度

1.2.2.1　国外研究

垂直财政不平衡的度量在不同研究中存在较大差异。在这些不同度量方法中，最具代表性的有如下几种：一是早期 Hunter（1977）提出的方法，即 VFI = 1 − [（税收分享 + 转移支付）/下级政府总支出]；二是 Khemani（2006）提出的方法，即 VFI =（总的政府间转移支付/下级政府总收入）；三是 Collins（2002）提出的方法，即 VFI =（自有收入/自有目的支出）；四是 Eyraud 和 Lusinyan（2013）给出的更为复杂的度量方法，即这篇文献区别了几种情况分别采用不同度量。首先，文章将 VFI 定义为 1 −（下级政府自有收入/下级政府自有支出）。其次，如果 VFI 是采用中央转移支付和下级政府净借债弥补，则 VFI 就等于转移支付依存度加上下级政府赤字，其中，转移支付依存度等于净转移支付除以下级政府自有支出，而下级政府赤字则等于下级政府净借债除以下级政府自有支出。如果 VFI 依赖于收支分权不匹配，则 VFI = 1 −（收入分权/支出分权）×（1 − GG 赤字），其中，收入分权等于下级政府自有收入除以整个政府收入，支出分权等于下级政府自有支出除以整个政府支出，GG 赤字等于整个政府支出与收入差额除以整个政府支出。

1.2.2.2 国内研究

从目前国内能够找到的研究看，真正采用定量方法讨论垂直财政不平衡的有江庆（2007）、刘成奎和柯飋（2015）、贾俊雪等（2016）、赵为民和李光龙（2016）和储德银（2017）。其中，江庆（2007）采用 Hunter（1977）的方法，用三种方法度量中国分税制后纵向财政不平衡程度。三种方法分别为：VFI = 1 −（税收返还 + 补助支出）/地方政府财政支出；VFI = 1 −（无条件补助 + 有条件补助）/地方政府财政支出；VFI = 1 − 有条件补助/地方政府财政支出。刘成奎和柯飋（2015）用地方本级支出中由非本级收益提供的部分所占的比例来衡量 VFI。贾俊雪等（2016）用地方本级预算内收支缺口占地方本级预算内支出的比重来表示。赵为民和李光龙（2016）用中央转移支付收入（含税收返还）占本级财政收入的比重对财政体制垂直失衡问题加以度量。储德银（2017）分别使用 Eyraud 和 Lusinyan（2013）提出的两种测度方法对中国的财政体制垂直失衡问题进行了测度和分析。

1.2.2.3 评述

国内外学者对财政分权体制下收支不平衡问题的研究有很大不同，国外文献既注重对收支不平衡的概念界定，又注重具体度量方法；国内学者对中国分税制财政体制中存在的政府间财政收支不平衡研究更多在于描述性分析。正如上文所述，中国作为政治集权、事权和支出责任高度分离的转型经济体，垂直财政不平衡不能简单理解为自有收入与自有支出的差异，而应基于事权和执行责任的分离制定新的测度方法。

1.2.3 财政体制垂直失衡的激励结构

尽管垂直财政不平衡的定义有很多，差异也很大，但在定量方法上，差异并没有定义那么大。学术界对垂直财政不平衡问题的关注，不是垂直财政不平衡问题本身有多重要，而是在于垂直财政不平衡背后是政府内部责权配置。因为不同责权配置会对责权执行者——各级政府产生不同激励，不同激励意味着不同的经济社会发展结果。从激励传导机制来看，垂直财政不平衡首先影响下级政府财政收支行为，然后通过下级政府财政决策影响资源配置。根据经济学常识，责权对应才可能实现资源有效配置，而当责权不对应时，资源配置一定低效。从已有文献看，学术界对垂直财政不平衡激励效应的关注主要在四个方面：一是预算软约束，二是地方征税行为，三是预决算偏离度，四是经济社会影响。当然，无论是预算软约束还是地方征税行为、预决算偏离及经济社会影响等方面，单纯的垂直财政不平衡都非唯一原因，必然还存在着其他激励机制。

1.2.3.1 国外研究

（1）对软预算约束的激励效应

根据 Kornai（1980）的研究，当一个主体预期到自己遭遇财务困难时会得到财务救济，这时这个主体就被称为存在软预算约束。软预算约束之所以重要，就是因为软预算约束会导致激励问题。较早将软预算约束引入联邦体制下政府行为分析的是 Qian 和 Roland（1998）。他们研究认为，下级政府软预算约束激励与财政或货币分权程度有关。为了研究下级政府软预算约束激励形式，文章建立了一个具有三层等级的博弈模型，最上面是中央政府，中间是多个地方政府，最下面是企业。这个模型的特征就是，发生在政府与企业之间的软预算约束博弈是序贯的，政府面临序贯救济决策。此外，处于这个模型中间层的多个地方政府之间存在着竞争，地方政府参与竞争的工具就是配置本级政府预算。竞争的目的在于吸引流动要素和中央政府拨款。研究发现，当面临资本跨地区流动时，财政分权在硬化地方政府预算上是有效的。但当财政分权不完全时，中央政府有权力配置部分财政收入，这时，地方政府之间会为争取更多转移支付而竞争。在这种情况下，地方政府策略性扭曲会进一步增加救济成本，从而强化地方政府预算约束。

类似研究还包括McKinnon（1995）和Inman（2001）等，他们也曾讨论过财政联邦制下的软预算约束问题。这些研究认为，在实行财政联邦制的国家，地方公共品投资常常对其他地区产生正外部性，从而使以全局利益最大化为目标的联邦政府有很强激励为地方政府公共支出提供援助。而中央政府援助，在Wildasin（1996）看来，会改变地方政府预期，使他们改变财政资源配置，将财政资源更多投向只会造福本地居民的公共品，而将具有溢出效应的公共品投资留待中央政府资助。Goodspeed（2002）、Wildasin（2004）以及Boadway和Tremblay（2006）等研究更是进一步指出，当地方政府预期中央政府会在自己财务陷入困境时出手救助，就会有激励过度借债和财政支出，除非中央政府在事前作出可置信承诺。但这种选择与中央政府目标并不一致，因为在面对地方政府因债务而破产时，巨大的政治成本使一心想最大化社会福利的中央政府，有激励对陷入财政危机的地方政府伸出援助之手。当然Goodspeed（2002）在研究中也指出，地方政府面临预算约束，并不必然导致过度负债。因为在垂直财政不平衡的财政联邦体制下，中央政府对地方政府都有相当规模的转移支付，但这些用于转移支付的财政资金最终仍然会在未来通过各地方税收予以平衡。这样，如果中央政府对过度支出地区增加援助的同时也对其他地区增加援助，就对过度支出地区形成了一定惩罚，因为所有这些救助最后会通过过度支出地区税收进行平衡。如果中央政府在救助地方政府财务困境时实施这一策略，那么策略就具有了动态一致的可信性，从而很大程度上矫正软预算约束对地方政府过度借债和支出的扭曲。

然而，上述文献在分析财政联邦体制与软预算约束问题时，并非真正关注财政联邦体制下的垂直财政不平衡。真正将软预算约束与垂直财政不平衡联系在一起的是 Von Hagen 和 Eichengreen（1996）。他们的研究认为，垂直财政不平衡会影响财政绩效，具有较高垂直财政不平衡的下级政府，不会有充分课税权以应对异质冲击。所以，当面临不利冲击时，下级政府会容易陷入财政危机。而当下级政府遭遇财政危机时，选民、国内民众以及债权人会将矛头指向中央政府，从而使中央政府除了救济别无选择。正是预期到这一点，下级政府有激励从事更具风险的财政活动。正如 Rodden 等（2003）所言，这种情况下，地方政府将自己置于被救济的状态更值得。正因如此，Oates（2005）强调，让下级政府通过地方税收获得自由收入，缩小垂直财政不平衡对提高下级政府财政纪律是必要的。然而 Hagen 和 Eichengreen（1996）的研究主要是演绎法，缺乏经验证据。所以，在其之后有研究开始利用跨国数据考察垂直财政不平衡的软约束影响，其中，最具代表性的研究为 Eyraud 和 Lusinyan（2013）以及 Aldasoro 和 Seiferling（2014）。前者使用28 个 OECD 国家样本考察了垂直财政不平衡与整个财政绩效的关系。研究认为，较大程度的垂直财政不平衡会放松地方政府财政纪律，因为大的垂直财政不平衡会使地方政府产生被救助预期。基于 OECD 国家的证据证实，垂直财政不平衡程度每下降 10 个百分点，整个政府债务将减少 GDP1 个百分点。不过正如文中所述，这篇文章使用的垂直财政不平衡度量指标依赖于一个简单预设，即下级政府公共支出融资结构只是自有收入和转移支付与借债。而现实中，下级政府公共支出融资结构可能更为复杂，且不同融资结构产生的激励可能不同。后者则使用 IMF 的 GFS 数据构造一个更大样本。除此之外，后者还在垂直财政不平衡度量上与前者不同，后者通过兼容下级政府借债修正了前者只基于转移支付依存度的度量方法。在控制住相关变量影响后，他们获得了非常稳健的研究结论，即垂直财政不平衡对整个政府债务积累具有非常强的解释力，垂直财政不平衡程度越高，整个政府债务累积就会越多。

当然，除了通过跨国数据的计量分析发现垂直财政不平衡导致软预算约束现象，也还有一些个案研究。例如 Rodden 等（2003）就曾通过几个案例分析过垂直财政不平衡与软预算约束，Karpowicz（2012）曾观察过欧洲垂直财政不平衡缩小的四个时期，发现赤字缩小大部分是通过向下级政府累进下放收入实现的。这些发现同样出现在 Rodden（2002）的研究中。后者曾发现，当下级政府高度依赖政府间转移支付同时又享有高的借贷自治时，整个财政将会出现大而持久的赤字。类似发现还在 Stratmann 等（2010）研究中出现过。他们在考察转移支付依存度对下级政府健康支出影响时发现，当依赖转移支付与借贷自治相互影响时，会看到下级政府较对借贷有更多限制时更大的健康支出。

（2）对地方征税行为的激励效应

Fisher（1982）、Oates（1993）、Bird（2003）和 Boetti 等（2012）认为，财政纵向失衡对地方政府税收努力存在扭曲效应，尤其当财政纵向失衡高于最优阈值时，较为严重的地方政府收支脱节不但导致地方政府对中央转移支付资金的过度依赖以及政府软预算约束，还会诱导地方政府放松财政纪律，使其更加偏好于风险型决策或超额支出计划，不利于地方政府财政收支实现内在平衡，引发"捕蝇纸效应"或"财政幻觉"，在这种情况下，即便扩大地方政府征税自主权，理性的地方政府也可能为获取更多中央转移支付资金抑或借助转移支付的"公共池"效应转嫁支出成本而选择降低税收努力。Baretti 等（2002）将转移支付视为"税收之税"，即将地方政府提高税收努力而导致所获转移支付资金的减少视为是对地方政府税收收入的征税，故而提出转移支付的收入效应与替代效应均倾向于降低地方政府税收努力。与之相对，地方政府如果降低税收努力程度，不仅导致其自有收入减少，还将进一步加剧财政纵向失衡程度。Eyraud 和 Lusinyan（2013）认为，垂直财政失衡程度越高，越不利于财政绩效的提升，并且会导致更大的财政赤字。Ben - Bassat（2016）、Köppl - Turyna 和 Pitlik（2018）和 Lago - Peñas 等（2020）研究发现，VFI 会引起地方对财政转移支付的严重依赖，导致地方财政过度支出或降低其征税努力。然而，一些实证研究发现 VFI 会促进财政绩效。Perssonand 和 Tabellini（1996）及 De Mello（2000）认为适度的财政纵向失衡既有利于加强中央对地方政府财权的有效管控，又可推动宏观经济政策目标的实现和国家经济的良性增长，Faguet（2004）认为地方政府还可以借助中央转移支付的成本补偿机制促进地方政府绩效的全面改善。Darby 等（2005）发现，中央政府通过对拨款资金的分配来对地方政府支出施加较大的影响，在成功的财政整顿过程中，为使地方政府调整支出，拨款会大幅下降。

（3）对地方公共品供给的激励效应

财政联邦主义认为，分权可以对地方政府产生激励，通过"用手投票"和"用脚投票"来提升政府对辖区公共品的供给效率（Tiebout，1956；Oates，1972）。然而，综观发展中国家的分权实践，事实却恰恰相反（Keen 等，1996；Zedda 等，2005）。较低的人口迁移率（Faguet，2004）、利益集团的俘获和基于公平的政策目标（Triesman，2000）、财政支出项目的"可替换效应"（Crumpler 和 Grossman，2008）等往往会导致地方政府的公共品供给不足。

（4）对收入再分配的激励效应

垂直财政不平衡除了影响政府推进私有化激励，还会影响下级政府支出结构，进而影响一个国家再分配收入的能力。根据 Bouton 等（2008）的研究，虽然在垂直财政不平衡情况下，下级政府因为与其他地方政府共担支出成本而增加地方性公共品投入，但当政府支出达到了最大规模，如果不牺牲其他支出而使下级政府支出增加就不再可能。当这种情况出现时，中央政府支出就可能被地方政府支出所替代，发生所谓的支出主体挤出和支出项目挤出。基于逻辑演绎，文章提出一个重要推测，即垂直财政不平衡程度在长期与一个国家收入不平等程度有关，从长期来看，一个国家的垂直财政不平衡程度越高，收入不平等程度也就越高。为了验证这个推测，文章利用 OECD 国家数据，以基尼系数度量净收入不平等，政府间转移支付占下级政府支出比重度量垂直财政不平衡，通过散点图，观察到两组数据之间呈正相关关系。在此基础上，文章又通过更加科学的计量分析，结果支持了数据间的正相关关系。即下级政府支出对中央融资依存度每上升10%，收入再分配政策的影响就会下降大约3%。

1.2.3.2 国内研究

(1) 对预算软约束的激励效应

与国外研究侧重于垂直财政不平衡的软预算约束效应一样，国内学者在讨论中国财政不对称分权体制与地方债问题时，也认为地方政府支出大于收入是地方政府债务累积的重要原因。例如，贾康和白景明（2002）研究认为，影响县乡财政困难的因素主要有三点：一是财权划分模式与事权划分模式不对称，两者的背离很大程度上加剧了基层财政困难；二是政府层级过多，大大降低了分税制收入划分的可行性；三是财政支出标准决策权过度集中与规则紊乱并存。陈洁等（2006）通过对全国223个样本村和江苏、河北和湖北三地样本县调查，研究村级负债规模及其产生原因。研究认为，村级债务形成的深层次原因在体制不完善。因为在财政体制上，乡村两级在财力分配上的地位太低，收入很少，支付能力差。类似研究还有罗丹和陈洁（2009），文章针对基层财政运转困难现象，基于9个县及20余乡镇调研，对县乡财政困难问题进行进一步研究，认为自20世纪90年代以来，县乡财政普遍陷入困境，成为整个财政体制突出问题。此外，刘尚希（2009）认为，中国分税制基于各地同质化的假设与中国实际情况不符，从而使得分税制下做到财力与事权相匹配十分困难。面对收不抵支，地方政府不得不借债融资。类承曜（2011）通过一种制度性框架解释中国地方政府债务成因，认为不合理的政府间财政关系造成了地方政府财政收支的纵向不平衡，这是中国地方政府过度举债的财政体制原因。而地方政府举债面临的预算软约束又使过度举债成为可能。研究指出，中国分税制改革造成地方政府庞大事权和有限财权之间的巨大矛盾，尽管中央政府通过转移支付一定程度上弱化了这种矛盾，但转移支付制度设计不合理，反而造成地方政府行为扭曲，形成地方政府举债融资的制度激励。杜彤伟等（2019）实证检验了转移支付对财政可持续性的影响机制，发现我国地方政府尚未建立基本财政对其债务的正向反馈机制，既有的财政行为不可持续，但中央对地方的转移支付可以改善地方政府的财政可持续性；地方政府存在"财政疲劳"现象，但大部分地方政府有充足的空间通过适当财政调整建立正向财政反馈机制以实现财政可持续，其中东部地方政府的财政可持续性大于中西部地区，财政支出效率也具有类似的特征；尽管财政纵向失衡不利于地方财政可持续，但转移支付对地方财政可持续性的综合影响为正，起到了降低财政纵向失衡的作用。同时，转移支付对地方财政可持续性的影响存在显著的门槛效应，在地方政府财政纵向失衡程度较小时，转移支付对财政可持续性具有消极影响；反之则具有积极影响。

（2）对地方税收收入、非税收入征收和治理能力的激励效应

陈抗等（2002）在研究财政收入不断集中如何加剧地方政府从援助之手转向攫取之手时指出，中央在收入分成中的比例越高，地方政府攫取之手行为就越强。当垂直财政不平衡与政治集权体制和有限任期制结合在一起时，垂直财政不平衡影响则更加大。归纳这方面影响，主要有两点：一是扭曲了地方政府融资行为。由于行政事务高度分权，而财政收入不断向上集中，造成收不抵支，成为国内学术界对中国财政分权体制的一个共同认识。为了让地方政府做事，中央政府采取了两个措施：一是增加转移支付，二是对地方政府非规范融资行为睁只眼闭只眼。在这样的环境中，地方政府出现了两个必然选择：首先，为获得更多转移支付，各级地方政府纷纷进驻北京，"跑部钱进"。之所以会"跑部钱进"，因为中国大量的行政事务决策权分散在中央各部委。其次，地方政府融资行为更加放纵和多样。从中国1994年推行分税制财政体制至今，被地方政府使用的融资方式有很多，最常见的就是非税收入、地方债务与土地财政问题。王志刚和龚六堂（2009）研究认为，目前，中国政府间财政体制是一个财政责任下放程度很高而地方收入比例相对较低的体制。在这种体制下，要使地方政府能有效执行被下放的政府职

责，地方政府必须要有相对充足收入。由于地方政府对非税收入有完全预算自主权，所以非税收入快速膨胀。王佳杰等（2014）则从财政支出压力角度考察垂直财政不平衡与非税收入增长的关系。研究发现，地方财政支出压力，无论是以财政收支差异表示还是以财政支出增长率衡量，对非税收入总量以及人均非税收入影响都显著为正。贾俊雪等（2017）利用中国1999—2009年的地级市数据研究了财政体制垂直失衡对地方政府征税行为的影响，研究发现，财政体制垂直失衡降低了地方政府的征税努力。他们还探索了中国特定的分税制财政体制下，财政体制垂直失衡对地方政府征收地方税和共享税的努力程度的影响，发现地方政府会降低地方税种的征税努力，但在共享税方面，这样的影响并不显著。储德银等（2019）通过构建柯布道格拉斯生产函数模型与理论分析框架，系统诠释财政纵向失衡与横向失衡对地方政府税收努力的作用渠道与影响效应，发现财政纵向失衡无论是从全国层面抑或分地区均显著降低地方政府税收努力程度，而财政横向失衡对地方政府税收努力的影响则存在显著的地区异质性。研究还建立面板联立方程模型与采取三阶段最小二乘法对财政纵向失衡与横向失衡对地方政府税收努力的影响效应进行分析，发现财政纵向失衡通过直接作用渠道显著降低或抑制了地方政府税收努力，财政横向失衡对地方政府税收努力的作用渠道与传导效应大小因地区经济发展水平不同而存在较大差异，即发达地区财政横向失衡直接提高地方政府税收努力，而欠发达地区财政横向失衡不仅可以直接降低地方政府税收努力，亦可通过对财政纵向失衡的正向激励间接影响地方政府税收努力产生负向抑制效应。赵娜等（2020）研究发现，财政纵向失衡程度的提高降低了地方政府税收努力，而地方政府税收努力的降低扭曲了资本配置效率。向文君（2021）利用2008—2018年沪深两市A股上市公司数据，考察了财政失衡对企业避税的影响。实证结果表明，纵向财政失衡降低了政府税收征管力度，而横向财政失衡增强了政府税收征管力度。储德银和费冒盛（2021）分别选择转移支付结构与规模作为中介变量，构建面板联立方程模型与采用三阶段最小二乘估计展开实证考察，发现财政纵向失衡程度与转移支付规模的增加显著抑制地方政府治理能力，但转移支付结构的优化能显著提升地方政府治理能力；与此同时，财政纵向失衡不仅可以直接抑制地方政府治理能力的提升，还能够通过作用于转移支付规模和结构间接阻滞地方政府治理能力。

（3）对地方公共品供给的激励效应

主流认识是中国式分权在竞争机制下扭曲了地方政府公共品供给行为，导致社会性公共品供给不足。例如乔宝云、范剑勇和冯兴元（2005）通过对富裕地区和贫困地区财政分权的影响进行分析认为，尽管富裕地区在现行财政分权体制下收支矛盾相对较小，从而可以通过增加社会性公共品供给吸引生产要素。但综合看，地区间财政竞争导致整个国家社会性公共品供给减少。傅勇和张晏（2007）研究也发现，尽管地方政府在科教文卫支出方面存在责任与收入不对等现象，但分权本身并没有减少地方政府科教文卫支出。只是在竞争压力下，财政分权会降低地方政府投资科教文卫的激励。此外，这篇文章还发现，财政竞争对地方政府社会性公共品供给影响与分权程度有密切关系。当地方支出分权较小，自主性较大时，即出现较小垂直财政不平衡时，财政竞争会降低地方政府投资经济性公共品激励。随着自主性降低，即垂直财政不平衡扩大，财政竞争会减弱地方政府投资社会性公共品激励。类似结论也曾出现在龚锋和卢洪友（2009）的研究中。付文林和沈坤荣（2012）、Jia 等（2014）、贾俊雪等（2016）和王杰茹（2016）指出我国财政纵向失衡下地方财政收支缺口会扩大转移支付、土地出让金和地方政府的举债规模，将优先安排有利于刺激经济增长的基本建设性项目，明显压缩民生福利性支出份额，进而助推公共支出结构向经济建设性支出倾斜造成结构异化。赵为民和李光龙（2016）研究发现，财政纵向失衡对以教育、公共卫生为内容的社会性支出效率具有门槛效应，当前多数省份的财政纵向失衡水平已跨越门槛值，在这个区间，财政纵向失衡对社会性支出效率具有负面效应。郭婧和贾俊雪（2017）研究发现，自有财政收入与教育、社会保障支出负相关，而非自有财政收入虽与教育、社会保障支出具有正相关关系但影响系数均较小。这表明地方政府的支出行为存在显著偏向，即对教育、社会保障关注不足。马光荣等（2019）研究发现财政分权中的税收分成比例提高促进了生产性公共支出的提升。韦东明等（2021）采用2007—2017年中国地级市面板数据，深入分析财政垂直失衡对公共支出偏向和经济高质量发展的内在影响机理和传导效应。研究发现，财政垂直失衡对经济高质量发展具有负向直接效应，且财政垂直失衡通过公共支出偏向对经济高质量发展产生负向的间接效应。

（4）对预决算偏离的激励效应

分税制以来，中国政府预决算之间的差别呈持续扩大趋势（孙玉栋和吴哲方，2012），这种差别就是预算偏离。自1994年以来，中国政府预算偏离长期处于高位运行，在进入经济新常态之后，预算偏离大幅下降，但近两年来又有所上升（陈志刚和吕冰洋，2019）。高培勇（2008）认为，预算偏离是在经立法机关审查批准的政府预算收支同作为其实际执行结果的政府决算收支之间出现了差异。"超收""超支"在中国长期存在，而且规模很大。同时，每年形成的"超收"，"几乎都要不打任何折扣地转化为当年的'超支'"。在"超收"与"超支"之间，是一列高度相关的"直通车"。预决算偏离度的持续扩大，不仅使得政府预算的监督制约作用在某种程度上走了过场，形同虚设，而且也使得预算法治一再受到挑战，甚至处于极度尴尬之中。马蔡琛等（2009）和王秀芝（2009）认为，制度则是影响预算偏离的另一个重要因素，一是现行财政管理体制的影响，"收入压力型政绩评价机制"与税收计划的层层加码是造成预算偏离的重要原因，并且政策制定与预算过程的分离也对预算偏离造成了不可忽视的影响；二是预算法律制度存在诸多不完善之处，这导致了政府执法的意愿较低，进而出现了政府预算的"软约束"以及财政"超收"的现象，而法律监督乏力，地方政府对超收收入拥有极大的自由裁量权从而进一步加剧了收入预算偏离的程度。有学者专门从财政垂直失衡的视角切入，研究其对预决算偏离的影响。在预算执行中，一旦地方政府的财权与支出责任匹配度过低，就容易使地方政府产生过度横向竞争攫取资源的行为，使地方政府倾向于违规利用税收优惠、"先缴后退"等优惠政策吸引商业资本进入（郭庆旺和贾俊雪，2006），或强行介入金融资本、用行政权力干预金融业的发展（王国静和田国强，2014）。贾俊雪等（2016）认为，央地政府财权与支出责任的失配程度较高时会产生较为严重的收支不对等问题，基于央地共享收入、共担事权的机制和地方公共物品、公共服务正外部性的考量，地方政府会倾向于选择通过低估财政收入的方式以获取更多转移支付的"跑部钱进"等行为，甚至彻底依赖于中央政府的财政兜底，也容易造成政府预算软约束、过度金融举债，甚至横向竞争中的"过度保护博弈"。林春和孙英杰（2019）认为，上收财权使得地方政府可支配的财政资金规模缩小、对财政收入预算编制更为保守，甚至不惜"逐低竞赛"，客观上降低了其编制的准确性。白天然（2019）利用2008—2016年省级面板数据，试图探析财政透明度、财政垂直失衡与预决算偏离的关系，研究发现财政透明度与预决算偏离存在显著的负相关关系，而财政垂直失衡加大了预决算偏离的程度。席毓和孙玉栋（2021）基于2007—2017年中国省级面板数据研究发现，纵向财政失衡对地方财政收入偏离度呈现正向影响，且呈现区域异质性特征。

1.2.3.3 研究评述

从国内外学者关注的内容看，尽管国外学者针对性更强，直接讨论垂直财政不平衡对下级政府财政决策的影响，国内学者针对性较弱，更多讨论财政分权下的地方政府财政行为，但他们有几乎相同的预设前提，就是只存在着两级政府之间的博弈和事权配置。这种预设前提在民主化程度和市场化程度很高的国家，似乎没有问题。但正如第一部分文献评述中所指出的，中国情况比较复杂。在中国，尽管财政分权体制同样是处理政府间财政关系，但政府是笼统的，很多事权被分散在各个政府职能部门，并通过系统内运行方式向下分配。在这种条条管理和块块管理相结合的体制框架下，垂直财政不平衡变得非常复杂，如何将这种体制下垂直财政不平衡激励结构尽可能真实刻画出来，还需要深入研究。

1.3　主要内容及分析框架

本书在对中国财政体制垂直失衡进行概念界定和测度后，实证分析了其形成机制，并进一步探究了财政体制垂直失衡对地方政府举债、征税及公共品供给的激励效应。研究按照如下逻辑展开：首先，建立适合中国国情的财政体制垂直失衡测度方法，测度央地之间的财政垂直失衡水平，并对其趋势特征和地区结构做比较分析。其次，分析财政垂直失衡形成机制。最后，对财政垂直失衡产生的影响进行实证性考察，重点讨论财政垂直失衡对地方政府举债融资行为、税收征收行为及公共品供给的影响，分别讨论了地区的异质性，并基于公共品供给提出最优垂直失衡水平。本书的研究框架如图1-1所示。

全书共分为9章，在具体框架结构安排方面，除第1章导论，第2章理论分析，第3章中国财政体制运行实践，第9章研究结论、政策建议与研究展望外，其余5章按照研究内容和方法可以分为理论及制度背景分析和实证研究两个部分。具体章节安排如下：

第1章为导论。主要介绍本书的研究背景和意义、相关文献综述、研究方法、框架结构及创新点。对这一部分内容的整体性介绍有助于理解全书的研究思路、逻辑构造、分析方法、基本框架及创新研究。

第2章为理论分析。本章系统梳理了财政体制垂直失衡的形成及其对经济和社会产生影响的机理机制及相关理论基础，包括政府事权和支出垂直配置理论、政府收入垂直配置理论、政府间转移支付理论等。

第3章为中国财政体制运行实践。作为制度背景，这部分主要梳理了中国财政体制改革历程，发现当前亟待解决的问题，并探索了改革的方向。

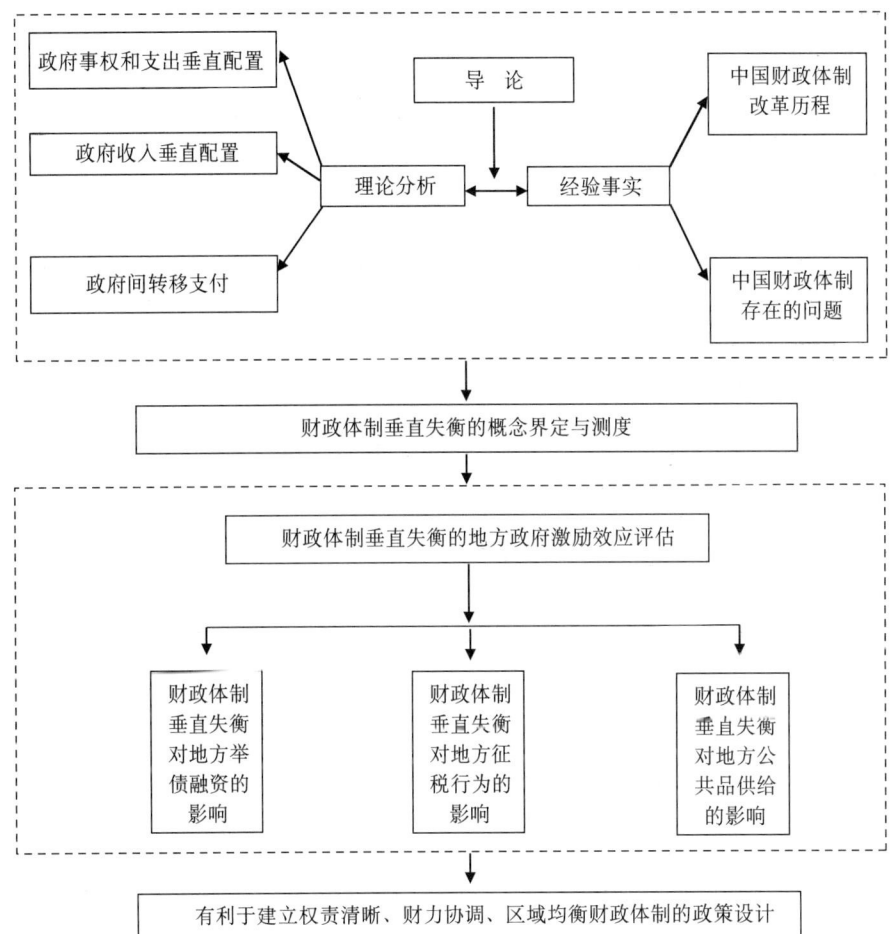

图 1-1 研究框架

第 4 章为财政体制垂直失衡的测度与特征分析。本章对财政体制垂直失衡的概念进行界定，选取了 1994—2015 年中国 31 个省（自治区、直辖市）的财政收支数据对 VFI 进行测算，对中国财政体制垂直失衡的特征进行多维分析。

第 5 章为财政体制垂直失衡的形成机制研究。本章选择 2006—2015 年的省级面板数据，运用系统 GMM 回归分析了财政体制垂直失衡的形成机制。

第 6 章为财政体制垂直失衡对地方政府举债融资的影响。本章选择 2006—2015 年的省级面板数据，运用系统 GMM 回归研究了财政体制垂直失衡对地方政府举债融资的影响。

第7章为财政体制垂直失衡对地方政府征税行为的影响。本章采用2006—2015年中国30个省级行政单位的面板数据，通过固定效应模型检验了财政垂直失衡对地方政府征税行为的影响。

第8章为财政体制垂直失衡对地方政府公共品供给的影响。本章采用1994—2015年中国30个省级行政单位的面板数据，通过固定效应模型检验了财政垂直失衡对地方政府公共品供给的影响。

第9章为研究结论、政策建议与研究展望。主要是给出本书研究所得到的主要结论、主要观点，并提出相应的对策建议，对未来研究拓展和方向做出展望。

1.4 主要研究方法

本书主要采用文献研究法、定性分析与定量分析、实证分析与规范分析等多种研究方法。

（1）文献研究法。系统收集与梳理国内外关于财政体制垂直失衡测度及激励效应研究的文献，以期为本书提供研究思路和可以借鉴的方法。

（2）定性分析和定量分析相结合的研究方法。本书在梳理制度变迁、分析财政体制改革等现状、定义财政体制垂直失衡时运用了大量的定性分析。在测度财政体制垂直失衡时进行了定量分析。

（3）实证分析和规范分析相结合的研究方法。在实证分析方面，本书使用了固定效应模型、系统GMM回归方法测度了财政体制垂直失衡对地方政府的激励效应。在规范分析方面，通过路径和制度设计，提出有利于建立权责清晰、财力协调、区域均衡财政体制的具体政策建议。

1.5 创新之处

本书的创新之处主要有：

（1）建立了立足中国财政分权改革实际的财政体制垂直失衡测度方法。建立基于政府责任激励的事权与支出责任相适应财政分权体制的前提条件就是现存体制事权与支出责任失衡的程度及其类型特征。因为事权与支出责任失衡中，有些失衡是符合经济效率的，有些纯粹是政府垂直结构不合理所致，有些又是政府责任垂直配置不当所致。没有科学界定失衡程度与类型，就不可能制定出具有较强针对性的解决方案，而这一切依赖于一套科学可行测度方法。在支出责任没有清晰界定的基础上笼统地分析地方收支的不匹配难以触及财政体制失衡的根源，唯有对地方现有财力和政府间支出边界做出明确划分，才能真正刻画出中国的财政体制垂直失衡程度，发现分权体制改革中迫切需要解决的问题。

（2）创建财政体制垂直失衡激励效应识别方法。财政体制解决的是政府间责权关系的配置问题，而责权关系对关系各方行动选择必然形成激励。财政分权体制垂直失衡针对的就是政府间责任和权利关系不对应。事权与支出责任不相适应本质上就是决策权与成本补偿责任不对应，某一级政府决策权很大，但成本补偿责任却很小，对应于其他层级政府就是，决策权很小，却承担了较大成本补偿责任。政府间责权关系失衡必然对政府履职尽责的努力程度产生影响。本书通过实证技术测度了财政体制垂直失衡对地方政府举债融资、税收征收和公共品供给行为的影响，丰富了地方政府激励领域的研究。

第 2 章

理论分析

2.1 政府事权和支出垂直配置理论

在政治学中，联邦主义特指某种政治制度，在该制度下，宪法保证了一定范围内的自治权。由于公共产品是由不同级次的政府共同提供的，而且各级次政府或多或少拥有事实上的权力，因此，财政或多或少是联邦化的，关键是各级政府如何划分权限以及权限大小的问题。因此，在经济学文献中，"财政联邦主义"和"财政分权（Fiscal Decentralization）"在大致相同的意义上被使用。Oates（1999）的论文中并没有明确区分两者。

传统的财政分权理论也被称作财政联邦主义，其代表人物是蒂伯特（Tiebout）、奥茨（Oates）和马斯格雷夫（Musgrave）。因其三人在这一领域的先驱性贡献，传统的财政分权理论也被称为 TOM 模型。传统的财政分权理论研究的主题是政府职能和财政工具如何在不同级次的政府间进行合理配置的问题（Oates，1999）。TOM 模型认为，收入再分配和宏观经济稳定是中央政府的职能，因此，只有资源配置职能是地方政府涉足的领域。

20 世纪 90 年代中期以后出现的一大批讨论财政分权问题的学术论文，显示出了与传统财政分权理论相当不同的视角和结论，被统称为"第二代财政分权理论"。它们从公共选择理论成为考察公共部门的基础理论，以委托代理理论考察制度设计合理性，经济增长成为新的与财政分权相关的政策目标。由于选取的视角不同，第二代财政分权理论又被称为"市场维护型财政联邦主义"。

财政联邦主义（Fiscal Federalism）认为，资源配置职能是中央政府和地方政府的共同职能，收入再分配和宏观经济稳定是中央政府的职能。居民偏好的区域差异这一因素决定了地方政府更适合资源配置，而规模经济和外部性等因素又使中央政府进行资源配置更有优势，没有一致的规范分析建议。

现实的情况是，资源配置职能在中央政府和地方政府之间的分配要综合考虑多种因素，由此形成了各国不同的资源配置状况。收入分配是中央政府的职能，因为地方政府进行收入分配的效果会被居民流动所抵消。例如，对于一个实行对富人征收高额所得税、对穷人给予高福利的收入分配政策的地区，富人将离开这个对他们征收高额所得税的地区，而穷人将从其他福利水平较低的地区迁入，结果该地区税基减少，穷人的福利也会下降，地方政府的政策初衷无法实现。因为地方政府缺乏实施稳定宏观经济政策的条件和手段，宏观经济稳定职能被认为是中央政府与生俱来的职责。

根据政府间职能分工理论，表2-1给出了政府间事权和支出责任划分的基本框架，尊重此类原则能够最大程度避免事权划分不科学的问题。表中"服务责任"一栏表明了各级政府在各类事权中的责任；"服务提供"一栏表示的是由哪一级政府进行具体操作；"评价"给出了事权划分的主要理由，例如"公路"由州政府和地方政府修建，然而它有可能是三级政府的共同责任，因为一些有溢出效应的道路如果有利于全国统一市场的形成，那么联邦政府也应该承担一部分的责任。

表2-1　　　　　　　　事权和支出责任划分的基本框架

支出类别	服务责任	服务提供	评价
国防	F	F	国家福利
外交	F	F	国家福利
国际贸易	F	F	国家福利
环境	F	S, L	国家福利
货币、银行	F	F	国家福利
国家商业	F	F	国家福利
移民	F	F	国家福利
失业保险	F	F	国家福利
航空/铁路	F	F	国家福利
工业/农业	F, S, L	S, L	州际溢出效应
教育	F, S, L	S, L	实物转移支付

续表

支出类别	服务责任	服务提供	评价
医疗卫生	F, S, L	S, L	实物转移支付
社会福利	F, S, L	S, L	实物转移支付
警察	S, L	S, L	地方主要福利
公路	F, S, L	S, L	一些有溢出效应的道路；其他主要地方公路促进共同的市场
自然资源	F, S, L	S, L	

F = 中央政府；S = 中级政府（省、州）；L = 地方政府

资料来源：Anwar Shah. Perspectives on the Design of Inter-governmental Fiscal Relations [J]. 世界银行论文集，第 726 期. 转引自：黄佩华. 中国：国家发展与地方财政 [M]. 北京：中信出版社，2003.

Musgrave（1959）和 Oates（1972）所构建的传统财政联邦理论建立了政府职能配置到不同层级政府的规范框架。在最一般的层次上，这个理论认为，中央政府负责的基本职能是宏观稳定和收入再分配。这种认识源于地方政府执行上述职能面临的基本约束。而分权的地方政府则负责消费仅局限于辖区内的公共品。然而 Oates（1999）认为，传统财政联邦理论应被看作比传统原则更一般的指引，就像许多文献所指出的，分权的宏观经济职能和再分配职能存在一些限制。并且这种理论十分一般，它并没有提供具体公共品和服务配置到每一级政府的精确边界。包括像教育、健康等类似公共品或服务的空间模式一直还存有争议。大量实践表明，不同层级政府提供公共品或服务的具体模式，某种程度上存在时间空间差异。Oates（1999）认为，为了执行各自职能，不同层级政府需要具体财政工具。在收入方面，每级政府要有税收和债务工具。但在联邦体制中，连接政府之间职能和工具失衡的方法，就是转移支付，它将资金在不同层级政府间配置。对财政联邦理论的大部分文献而言，规范的框架主要是由传统福利经济学理论所构成，从这个角度出发，制度和机构往往是就其对资源配置效率和收入分配影响被评估。然而现实中，治理体制的选择实际上涉及一些其他价值问题，包括政治参与程度、个人权利保护程度，以及各种公民价值发展等。政治理论家们一直在探

究各种政治制度解决不同政治目标的方法。而政府的垂直结构对政府运转以及对市场机制运行方式都有重要影响。例如 Inman 和 Rubinfeld（1996）的一系列研究就拓宽了财政联邦理论局限于经济层面的研究，将政治目标纳入其中，重新提炼政府垂直结构的政治理论。在其之后，Lorz 和 Willmann（2005）又提出了经济决策中集权程度的政治经济学解释。为了决定哪些政策应该集权，地区选择谈判集权程度和集权决策的地方成本份额的代表。研究发现，最终集权程度处于次优低。因为投票者策略性地授权给那些厌恶公共支出因此更偏好分权决策的代表。当溢出不对称时，策略性授权在边缘比在中心更强。该文章的重要贡献在于建立了一个政治均衡模型，通过这个模型分析哪些政策应该集权哪些政策应该分权。

然而，Oates（2005）认为，在一个多级政府体制中，Arrow - Musgrave - Samuelson 视角的财政联邦理论有个很强的预设前提，即每级政府都在寻求所在辖区选民社会福利最大化。而第一代财政联邦理论所设计的情形是，每级政府为那些收益空间模式仅局限于所在辖区地理范围内的公共品提供有效率的产出水平，这种情形被称为完全映射或财政对等。但研究认为，现实中也存在大量地方性公共品，消费上具有可变的地理模式，从而几乎不可能由某一级政府提供，因为这几乎做不到每个地方公共品的地理收益模式与辖区空间保持完全一致。对于存在空间溢出现象，第一代财政联邦理论只是通过一个传统庇古补贴理论的应用处理这种情况。即中央政府提供单位补贴给分权地方政府以内部化收益。第一代财政联邦理论认识到再分配和宏观稳定方面存在的约束，设计建立一个收入公平分配以及保持就业、价格稳定的经济是中央政府主要责任。但同时，由地方政府提供再分配和宏观政策明显也有一定空间。总之，在第一代财政联邦理论中，中央政府在宏观经济稳定政策、基本收入再分配措施，以及提供有效水平的国家公共品方面，承担主要责任。而分权的地方政府则主要承担地方公共品有效提供责任。而对于跨区域溢出效应的地方性公共品，适当的单位补贴被需要以促使地方政府将公共品提供提高到有效水平。

对比两代财政联邦理论，由于预设前提不同，对政府公共品提供责任政府间配置的关注点也有很大差异。和第一代财政联邦理论不同，第二代财政联邦理论的预设前提就是政府是自利的，所以第二代财政联邦理论更关注于不同配置的激励问题。Vo（2010）认为，将公共服务或公共品提供责任配置给各级政府涉及政府间四个主要财政问题，即支出决策、课税和收入筹集权力、下级政府借债、政府间财政转移支付。与财政联邦制理论相关的主要规范问题是，财政权力和义务多大程度上应该从更高级政府向下级政府转移。而与这个主题相关的研究虽被区分成第一代和第二代财政分权理论，但二代分权理论只是在职能配置上形成一个分析框架，现实情况更加复杂。所以在两代财政联邦理论之后，一些学者开始讨论更为具体问题。例如 Calsamiglia 等（2013）探究了当民众对公共品偏好表现出具体平等主义或团结时财政分权的最优程度。研究提出，在这种情况下，中央政府提供所需公共品的共同最低水平，地方政府被允许使用自有资源提供相对更高水平公共品。换句话说，这篇文章首次提出了中央政府和地方政府职能配置的兜底和补充提高的原则。在这个基础上，Joanis（2014）又提出部分分权的思想。文章针对一些发展中国家分权改革导致某个政策领域多级政府共存从而产生新的责任问题，提出部分支出分权效率情况的理论模型。在这个模型中，一个地方性公共品提供涉及两级政府，选民对每级政府在公共品提供中的贡献缺乏充分信息。模型的中心结论是，只要公共品提供中存在垂直互补收益超过责任减少产生的成本，部分分权就是合意的。和已有文献集中于分析政府间支出行为横向交互作用和外部性，以及政府间在税收方面的纵向交互作用（Keen 和 Kotsogiannis，2002）不同，这篇文章则针对公共品提供上的政府间纵向交互影响，研究公共品提供存在纵向交互作用时最优的支出责任配置。Guccio 等（2014）则讨论了一个更为具体的分权配置问题。文章基于执行当局特征分析了基础设施采购时间绩效，分析主要集中于执行阶段，这个阶段对公共工程有效供给与预期收益是个关键。基于意大利大样本数据的经验分析发现，地方政府在执行过程中管理效率更低，因为他们比中央政府遭遇更长耽搁。

2.2 政府收入垂直配置理论

税收是政府收入的主要来源。税收划分有三种方式：分税种、分税率、分税基。在这三种方式当中，最基本的是分税种的问题。将全部税种在中央和地方之间进行合理的划分，根据归属结果，可以形成三种形态：中央税、地方税和中央地方共享税，税种在中央和地方政府之间的划分一般基于税种本身的属性，适合由中央征收的，就划为中央税；适合由地方征收的，就划为地方税；当然，还有中央和地方共享税。

马斯格雷夫（Musgrave，1989）提出了税种划分的原则，对于那些可能影响宏观经济稳定的税收、累进性很强的再分配税种、税基在各地分布严重不均的税种、税基具有高度流动性的税种应由中央负责，其他累进性个人税种应由那些能最有效地课征全部税源的政府征收。此外，各级政府都适合向公共服务的受益人收取使用费，并以此作为财政收入的补充来源。

另外，税收的划分还要考虑各级政府税收收入规模的大小。地方收入规模过小，或者极端的情况下完全由中央调配收入，地方财政可能因为支出与收入处于无关状态而产生软预算约束的问题。一般来说，"财力和事权相匹配"是恰当的原则。也就是说，地方政府的事权越大，相应的财力也应该越多；反之亦然。当然，各地情况不同，各个地方政府的事权不可能完全和财力相匹配，转移支付能够弥补财力缺口，这个问题将在后文中讨论。

分税种所选取的依据不同，分税的结果也就不同。因为对具体税种来说，根据不同的原则可能有不同的划分方法。就各国分税的实践来看，有一个共同之处，即将关税确立为中央税，将财产税确立为地方税。而其他税种的划分则是很不一样的。当然，这并不表示各国的划分都是合理的。由于适合成为地方税的税种并不多，所以在实践当中，出现了分税率、分税基等形式，使地方政府能够获得足够的税收收入和事权相匹配。① 表 2-2 给出了一个被广泛引用的税种划分基本准则的框架。

表 2-2　　　　　　　　　税种划分的基本准则

税收种类	决定权		征收管理	评述
	税基	税率		
关税	F	F	F	国际贸易税
公司所得税	F	F	F	流动性因素、稳定的工具
资源税、资源租金（利润、收入）税	F	F	F	税基配置极不均衡
版税；规费、使用费、采掘税、财产税等	S, L	S, L	S, L	受益税、州和地方政府服务收费
自然资源保护税	S, L	S, L	S, L	保护地方环境
个人所得税	F	F, S, L	F	再分配、流动性因素
财富税（对资本、财富、财富转移、继承和赠与的征税）	F	F, S	F, S	再分配
工薪税	F, S	F, S	F, S	社会保障性受益收费
增值税	F	F	F	潜在的稳定工具，在中央主管下可以按照疆域进行税收调整
单环节销售税				
A 选择	S	S, L	S, L	较高的遵从成本
B 选择	F	S	F	和谐的、较低的遵从成本
不良行为税收				
烟酒消费税	F	F	F	健康责任
赌博税	S, L	S, L	S, L	州和地方政府责任
彩票税	S, L	S, L	S, L	州和地方政府责任
赛马税	S, L	S, L	S, L	州和地方政府责任
公害品税收：二氧化碳	F	F	F	反污染

---

① 钟晓敏. 财政学 [M]. 2 版. 北京：高等教育出版社，2015.

续表

税收种类	决定权		征收管理	评述
	税基	税率		
BTU① 税收	F, S, L	F, S, L	F, S, L	污染可能会影响全国、省和地方
机动车燃油	F, S, L	F, S, L	F, S, L	联邦、州和地方公路收费

F=中央政府；S=中级政府（省、州）；L=地方政府

资料来源：Anwar Shah, The Reform of Inter-government Fiscal Relation in Developing & Emerging Market Economics, Policy and Research Series No. 23, The World Bank, 1994. 转引自：刘海英. 地方政府间财政关系研究［M］. 北京：中国财政经济出版社，2006：193-194.

2.3 政府间转移支付/纠偏理论

在一个多级政府体制里，如果每一个政府层级的支出都有足够的独立的收入来源，就认为这个体制处于纵向财政平衡状态。反之，则认为是纵向财政不平衡（Vertical Fiscal Imbalance）。

在财政体制的设计中，财力和事权相匹配只是一般的原则，因为各地情况不同，不可能完全做到这一点，所以，在一个多级政府结构中，纵向不平衡总是存在的。第一，在财政收支方面，中央政府在获取财政收入方面更有利，一般是收大于支；而地方政府一般难以用自己的收入来弥补支出，往往存在资金缺口，需要由中央政府给予财力上的支持。第二，中央政府想要增强控制力。"收入集权、支出分权"是世界各国的普遍现象，这样的体制下，中央政府掌握了更多的财政资源，从而强化了对地方政府和宏观经济调控的控制能力。第三，在大多数国家中，不论从法律上规定还是从实践上来看，

---

① 英制热量单位，1BTU=1055焦耳。

地方政府比中央政府都更为保守，中央政府可以借贷，而地方政府一般不能举债或举债难度较大。因此，地方政府经常发生支大于收的情况，此时，中央政府通过转移支付的方式向地方政府提供财力支持，弥补资金缺口（钟晓敏，1998）。

公共服务均等化亦是中央政府转移支付的重要原因。任何人无论生活在一个国家的什么地方，都应该享受到基本的公共服务。有些公共服务是由地方政府提供的，因此，地方政府的财力决定了当地公共服务的供给水平。财力越充裕的地区，公共服务的供给水平越高；财力越匮乏的地区，公共服务的供给水平越低。在人口完全自由流动的情况下，公共服务均等化可以通过居民在地区间的自由迁徙来实现。但是，现实中人口不可能完全自由流动，所以，就需要通过转移支付来促进公共服务均等化。

外部性的存在往往使得地方提供的水域污染的控制、病虫害的防治等公共品的收益具有外溢性，即社会收益大于辖区收益，从而导致地方公共品供给效率较低。此时，提供一笔配套拨款就可以使该项目的规模达到最佳规模。辖区外收益越大，上级政府拨款的配套比例就越大，反之就越小。

此外，在政府间事权划分清楚的前提下，一些本来由中央承担的事务，出于各种原因可能会委托给地方去完成。严格来说，中央和地方共担事务不属于此类范围。因为既然已经划清了共担事务的范围，必然形成了各自的支出责任。中央委托地方事务通常指那些具有地域性的但是又影响面比较大的事务，如戍边、重大疫情防范、拦截毒品等。此类事务如果以地域为准由地方提供，可能造成两种后果：第一，地方积极性不高，导致事务不能积极履行；第二，故意引起中央注意，以寻求更多的转移支付。因此，此类事务应该在转移支付制度设计中固定下来，有利于提高效率，避免上下博弈造成的损耗。

一般来说，转移支付可以分三类：有条件拨款、无条件拨款和分类拨款。有条件拨款也称专项拨款（Categorical Grants），拨款提供者在某种程度上指定了补助的用途，拨款接受者必须按规定的方式使用拨款资金。有条件拨款可分为配套拨款（Matching Grants）和非配套拨款（Non - Matching Grants）。配套拨款是指接受拨款的政府必须自己筹集到一定比例的款项，才有资格接受上一级政府的拨款。非配套拨款是指拨款者提供一笔数额固定的资金，规定必须用于指定的项目。分类拨款介于有条件拨款和无条件拨款之间。和无条件拨款相比较，它是有条件的，拨款者规定这种拨款的使用方向。它和有条件拨款的不同之处在于下级政府对它有更多的自主权。

转移支付具有一定的矫正作用，是一种重要的纠偏机制。Hindrikset 等（2007）研究发现，可以通过设计适当的转移支付降低地方政府从供给经济性公共品中获得的边际收益，以此来调节地方政府的支出偏向，从而转向增加有利于本地居民福利水平提高的社会性公共品的供给。Weingast（2009）的研究也得到了类似的结论，研究认为，中央政府可以通过转移支付来对地方政府形成激励，使其成为有责任的政府，一个有责任的政府往往会增加本地居民的社会性公共品的供给。

转移支付是分税制财政体制的重要内容，在弥补地方财政缺口的同时，又很好地激励了地方政府的治理。Bird（2000）认为，转移支付能够激励地方政府成为一个有责任政府，目的在于激励地方政府更充分地提供辖区居民所需的公共品。Allers（2012）研究发现，良好的转移支付制度可以消除财政信息不充分产生的标杆偏误。Kotsogiannis 和 Schwager（2008）、Liu（2014）等研究也指出，转移支付是解决异质地区竞争约束弱化的关键政策工具。而转移支付发挥作用的关键在于其制度设计。Ivanyna（2010）研究发现，在税基交叠的异质地区之间，如果转移支付只是被用于补偿地方政府财政需要，反而会弱化地方政府的公共品供给激励。

2.4 上述理论与地方政府行为的内在逻辑关系探讨

2.4.1 与地方政府举债融资的内在逻辑关系

可以看到，中国的分权财政体制塑造了初始财政垂直失衡，在这种体制下,各种软化地方政府预算约束的制度和政府间粗放式财政竞争又进一步加深了 VFI。然而,这里又产生了一个问题,财政垂直失衡的加深意味着地方政府自有收入融资自主支出的缺口变得更大。面对无限责任的上级考核要求和地区间激烈的竞争,从中央政府的角度看,唯一的途径就是增加对地方的转移支付以及赋予地方一定发债权。然而,大量研究已经证实,中央政府的这种方法将会使 VFI 进一步扩大,除了上述所列原因,其实还有一个恶性循环存在。即转移支付的粘蝇纸效应和征税激励会造成更大的财政垂直失衡,后者又会要求中央政府更多的转移支付,这又会要求中央政府进一步提高财政集中度,从而反向进一步加剧 VFI,这种情况发展下去的一个极端就是收支完全集权。这显然这不符合市场经济体制改革对政府管理体制的要求。所以在市场化改革进程中,为了弥补垂直财政不平衡,中央政府会对地方政府的支出融资行为选择放任,除非地方政府支出融资行为超越了中央政府的容忍限度。在这种中央—地方的互动策略下,地方政府解决支出竞争的融资需要主要有两种途径,一种可以视为规范行为,即在预算框架内增加不受预算控制或控制较弱的融资途径,典型的就是预算外资金和政府性基金。然而,这种融资途径在无限责任的地方治理策略下,一般难以满足地方政府支出需要。更何况,毕竟是在预算框架内,中央政府既容易识别又容易干预。中央政府对预算外基金的历次调整就是一个很好例证。为此,对地方政府而言,选择一种相对隐蔽又比较自由的融资方法就自然成为其占优策略。由于比较隐蔽,所以中央政府不易观察其程度是否超越其容忍限度,再加上"守土有责"的无限支出责任,中央政府往往会选择放任以减轻自己对地方政府财政缺口的填充压力。中央政府的放任,使地方政府寻求第二种方法获得融资支持成为可能,而巨大支出需要和不断扩大的财政垂直失衡为地方政府利用第二种方法进行融资提供了内在激励。从中国的现实情况看,这个第二种方法就是非规范性举债融资。

2.4.2 与地方政府税收征收行为的内在逻辑关系

财政分权通常伴随着较大的财政垂直失衡,这在分权体制的经济体中会破坏地方政府的财政纪律,这一点可以通过公共池问题和预算软约束问题来解释。Hardin(1968)提出了著名的"公地悲剧"理论,Weingast等(1981)年将其拓展到财政体制框架下,得到一个重要的发现,能分得公共池利益的地方政府不会将其提供本辖区范围内受益的公共品和公共服务的成本内部化。中央对地方政府的转移支付即可视为一种公共池资源,在这种分权财政体制下,中央政府集中大部分的收入,再通过转移支付的方式对地方政府提供补助。这样,有了转移支付来平衡财政体制垂直失衡,就会使地方政府提供的公共品的成本低于其实际水平。同时,公共池资源也创造出了一个楔子,即地方政府用自己收入提供财政资金的边际成本和用转移支付来支付的边际成本之间的差异,显然,用自己的税收所承担的边际成本要比使用政府间转移支付来负担的高。因此,地方政府就产生了一种激励,在这样的激励下,他们会扩大公共支出,或减少征收地方税的征税努力,这样,也就将本辖区的公共品成本通过转移支付外溢到其他的辖区。在财政体制垂直失衡程度越深的地区,公共池问题也越发严重。

财政体制垂直失衡损坏地方政府财政纪律的一个重要原因是预算软约束。依赖转移支付弥补缺口的财政体制垂直失衡会导致地方政府预算软约束,中央的转移支付会让地方政府产生一种紧急救助的期望。这一点,在中国表现得似乎更加明显。中央政府为了维持地方政府的正常运转和稳定,一定会通过转移支付等形成对地方的财政收支缺口进行弥补,这也就导致了地方财政纪律性较低。

2.4.3 与地方政府财政支出结构性偏向的内在逻辑关系

由于地方政府被分配了更多的事权和支出责任,而这些支出又无法通过地方自有收入来弥补，由此导致了财政收支缺口，即财政垂直失衡。财政垂直失衡会使地方政府公共支出发生扭曲（储德银和邵娇，2018）。较高的财政垂直失衡会激励地方财政支出偏向促进地方经济快速发展且带来更多税源的生产建设性支出。财政体制垂直失衡程度越深，地方收支缺口就越大，也就更需要通过地区经济发展水平的提升来增加财政收入，这就诱使地方政府产生投资冲动，扩张经济，从而减少了民生性支出，产生了"重投资、轻民生"的公共支出结构。

财政垂直失衡体制下，中央政府的转移支付会使地方政府产生依赖，从而导致民生性支出占比进一步下降。原因主要有以下两点：第一，因公共品成本或收益外溢导致地方政府公共品供给的成本与收益不对等，尤其是正外部性较强的公共品或公共服务，供给成本无法通过地方自有收入来支撑，就会通过中央政府拨款的"粘蝇纸效应"将中央转移支付留在公共部门中（Gramlich，1997；Fisher，1982）。第二，由于地方官员和辖区居民利益诉求不同，导致地方财政支出更注重短期效应，且更偏好激进的支出政策（Eyraud 和 Lusinyan，2013）。地方政府对转移支付的依赖程度越高，财政赤字规模越大（Rodden 等，2003），由转移支付资金形成的"公共池"效应进一步削弱了其对公共支出结构偏向的调节能力。从中国转移支付制度来看，当前的转移支付结构进一步加深政府支出结构偏向程度。不仅种类繁多，且结构不尽合理，减少了转移支付的民生性支出激励，更有甚者，专项转移支付的政策倾向性对原有支出结构偏向还会产生负向激励。

此外，发达地区政府税源充足，税收增收基础越好，地方财力也就越强，这就产生了不同地方政府之间的横向财政失衡。Bordignon 等（2013）认为，横向财政失衡会加剧垂直财政失衡对地方财政行为的负向影响。地区间资源配置不同，加之居民的流动性，落后地区在"标尺竞争"的压力下，会通过提高税率或扩大征税范围来增加地方财政支出，同时加大对中央转移支付的依赖程度，导致地方政府支出结构向公共投资过度而公共服务支出不足扭曲（Keen 和 March，1997）。中国政治集权和行政性分权使得地方政府在面对财政体制垂直失衡时,经济压力与政治压力并存。因此,会通过加大生产性支出来提升经济竞争力。

第二代财政联邦主义理论认为如果地方政府一旦获得较大的税收和支出自主权,地方政府以辖区居民福利最大化为目标的传统分权理论假设将面临冲击,即地方政府和官员也是利己的,会因个人私欲或贪念的存在而导致公共利益与个人利益的背离问题。此时在利维坦假说下,地方政府会借助"攫取之手"来实现自身利益(Olson,2000),因为伴随地方政府财政收入自主权的不断扩大,中央政府配置公共资源的能力与话语权将被逐渐挤压,为保障中央政府宏观调控职能的实现需要在央地政府间合理划分各自的财政配置权,即需要一定程度的财权上移与事权下解,而由此形成地方政府"自给收入"与支出份额之间的财力缺口可以通过放宽地方政府预算约束由中央财政转移支付予以弥补,此时,财政垂直失衡的存在不仅强化了中央政府对地方政府的有效管理,还能充分影响地方政府公共支出行为的各种选择。

理论上认为,中央政府的转移支付可以矫正财政体制垂直失衡对地方政府公共支出的结构性偏向问题。为发展地方地方经济,地方政府通常会通过税收优惠和支出倾斜政策争取资源。这种税收竞争会减少地方财政收入,降低公共支出水平。此时,中央政府提供的转移支付资金可以弥补地方政府收支缺口,在一定程度上矫正其支出结构偏向问题。譬如,通过一些专项转移支付对地方政府公共支出投向作出一定限制或要求,引导地方政府加大有关民生福祉项目的投入,进而对地方政府公共支出行为选择与支出结构产生纠偏效果(储德银和邵娇,2018)。

第 3 章

中国财政体制运行实践

3.1 中国财政体制改革历程

新中国成立以来,我国财政体制经历了"统收统支—财政包干—分税制—建立现代财政制度"的改革历程。从改革开放以来的实践来看,我国财政收入占 GDP 比例的轨迹总体来说呈现先下降后增长的趋势,不同的时期分别对应着分级包干财政体制和分税制财政体制。分级包干的财政体制是在计划经济体制向市场经济体制转轨过程中出现的。中国的经济体制改革初始目标不是否定计划经济体制,而是要完善计划体制,提高计划体制下的经济绩效,所以改革开始的时候并没有以市场经济为取向。对计划经济体制进行调整的主要内容就是财政分权,调整"条条"分配和"块块"分配的关系。分权的一个重要目标是发挥地方和企业两个积极性,而分税制财政体制确实做到了这一点。它打破了旧体制统得过死的局面,通过适当分散财权,使地方具有了相对独立的利益和发展本地经济的内在动力和能力。

3.1.1 1949—1978 年:国家财政体制的建立

1949 年新中国成立后,先后经历了国民经济恢复时期和建设时期,与此同时,国家财政在不断探索中经历了从无到有的转变。在这一阶段,我国实行的是计划经济体制,国家财政也体现出了计划经济体制下的财政特征。国家财政高度服务于国家经济建设,响应了当时的时代任务。在这一阶段,"国有财政""城市财政""生产建设财政"成为最能概括这一阶段特征的几个关键词(马海涛等,2020)。

在国民经济恢复时期,我国的财政收入极其有限,为了尽快恢复经济秩序,提高资金使用效率,我国采取了"统收统支"的高度集中的财政收支管理模式。财政资金由中央统一管理，既要审批、审核地方支出，又要按计划向地方分配资金。

在国民经济建设时期，我国实行"统一领导，分级管理"的财政体制。这一体制依然延续了中央领导的特点，但地方政府拥有了一定的自主权。1958年开始实行"以收定支"，中央将部分税收管理权限下放给地方。"文化大革命"期间，我国曾短暂实施过"收支两条线"，1959—1970年实施的均是"总额分成，一年一变"的财政管理体制。对中央和各省的收入分成每年都进行调整，并出台地区间财政转移支付制度，即在财税体制中引入了激励因子。20世纪70年代，江苏和四川等地开始试验分权模式。1971年，"收支包干"规定，超收全额留归地方。尽管财政体制在1974年以后也发生过变化，出现了"旱涝保收"和"总额分成，一年一变"，中央权力有所提升，但是尚不足以冲击当时的财政关系格局（马海涛等，2020）。

3.1.2　1978—1994年：分级包干财政体制

分级包干财政体制是党的十一届三中全会以来我国开始实行经济体制改革到1994年实行分税制财政体制之前所实施的财政体制的总称。1980年、1985年、1988年进行了三次重大的改革与调整①。它们共同的特点是，在划分收支的基础上，分级包干，自求平衡，所以俗称分级包干制，或称"分灶吃饭"体制。

（1）1980年的调整

1980年2月，国务院颁发了《关于实行"划分收支、分级包干"财政体制的暂行规定》，决定除京津沪三个直辖市外，其余地方均实行形式各异的"分灶吃饭"办法。其要旨是，对收入进行分类分成，划分固定收入、固定比例分成收入和调剂收入三类，财政支出主要按照企业和事业单位的隶属

---

① 钟晓敏. 财政学 [M]. 2版. 北京：高等教育出版社，2015.

关系进行划分，地方财政在划分的收支范围内多收可多支，少收则少支，自求平衡。视各地情况的不同，当时实行了四种"分灶吃饭"的办法。

一是对四川等 15 个省实行典型的"划分收支、分级包干"办法。按照收支划分的范围，以 1979 年收支预计数作为基数，地方收大于支的，多余部分按比例上交；支大于收的，不足部分由中央从工商税中确定某一比例进行调节。在一定五年的有效期内，地方靠自身努力求得财政平衡。

二是对新疆等五个民族自治区和几个视同民族自治区待遇的省实行特殊的民族自治地方预算体制，除保留原有的特殊照顾外，也参照上述第一种办法划分收支范围，确定中央的补助数额，并由一年一定改为五年不变，中央补助额每年递增 10%，地方收入增长部分全部留归地方。

三是对广东、福建两省实行"划分收支、定额上交或定额补助"的特殊优惠办法。

四是对江苏继续试行从 1977 年起试行的固定比例包干办法，即根据该省历史上地方预算支出占收入的比例，确定一个上交与留用的比例，一定四年不变。但从 1981 年起，江苏也开始实行四川等省的办法。

1983 年在总结前三年实践经验的基础上，又对"划分收支、分级包干"体制作了如下调整：①除广东、福建两省外，其他省、自治区、直辖市一律实行收入按固定比例总额分成的包干办法。②将中央财政向地方财政的借款改为调减地方的支出包干基数。③将卷烟、酒两种产品的工商税上划中央，以限制其盲目发展。④中央投资兴建的大中型企业收入，归中央；中央与地方共同投资的，按投资比例分成。⑤县办工业企业的亏损由二八分担办法（中央财政负担 80%，县财政负担 20%）改为中央和县财政各负担一半。

（2）1985 年的调整

伴随着财政体制的变革，我国于 1983 年和 1984 年相继推行了第一步和第二步的"利改税"。这使分配关系发生了新的变化。于是，从 1985 年起开始实行"划分税种、核定收支、分级包干"的办法。该办法在以下两个方面对原先的"分灶吃饭"体制作了改进：一是基本上以第二步"利改税"后的税种设置作为划分收入的依据，收入分为中央税、地方税和共享税三类；二是重新核定基数，地方财政支出基数按照1983年的既得财力确定，地方财政收入的包干基数以1983年的决算收入数为依据。凡地方固定收入大于地方支出的，定额上解中央；地方固定收入小于地方支出的，从中央、地方共享收入中确定一个分成比例，留给地方；地方固定收入和中央、地方共享收入全部留给地方还不足以抵拨支出的，由中央定额补助。收入的分成比例或上解、补助数额确定后，一定五年不变。地方多收可多支，少收则少支，自求平衡。

为适应"利改税"的需要，在1985—1987年，暂时实行"总额分成"的过渡办法，除了中央财政固定收入不参与分成外，把地方财政固定收入和中央、地方财政共享收入加在一起，同地方财政支出挂钩，确定一个比例，实行总额分成。

对广东、福建以及民族自治区地区仍实行原体制。

(3) 1988年的调整

从1988年起，配合国有企业实行的承包经营责任制，财政体制又一次进行了比较大的改革，全方位地推行财政承包制。全国39个省、自治区、直辖市和计划单列市，除广州、西安两市的预算关系仍与广东、陕西两省联系外，对其余的37个地区分别实行了六种不同形式的财政承包制。

一是收入递增包干。以1987年的决算收入和地方应得预算支出作为基数，参照各地区几年的收入增长情况，确定各地区的收入递增率（环比）和地方留成、上解比例；在递增率以内的收入，按确定的留成、上解比例，实行中央与地方分成，超过递增率的收入，全部留给地方，收入达不到递增率而影响上解中央的部分，由地方的自有财力补足。实行这种办法的有北京市等10个省（市）。

二是总额分成。根据各地区前两年的预算收支情况核定收支基数，以地方支出占总收入的比重，确定地方留成、上解中央比例。实行这种办法的有天津市等三个省（市）。

三是总额分成加增长分成。以上年实际收入作为基数，基数以内部分按总额分成比例分成；实际收入比上一年增长部分，除按总额分成比例分成外，另加增长分成比例。实行这种包干办法的地方有大连等三个计划单列市。

四是上解额递增包干。以1987年上解中央的收入为基数，每年按照一定比例递增上解。实行此种包干办法的有广东、湖南两省。

五是定额上解。按原来核定的收支基数的收入大于支出的部分，确定固定的上解数额。上海、山东等三个地方实行这种办法。

六是定额补助。按原来核定的收支基数的支大于收的部分，实行固定数额补助。实行这种包干办法的有吉林省等16个省（自治区）。

上述各种办法，除总额分成外，其余各种办法都有一个共同特点，即地方可以从增收或超收中多留，这样就调动了地方特别是上解比例大的地区组织收入的积极性，保证财政收入的稳步增长。

对上述各种类型的财政承包制，有一点需要补充说明，即各种类型的包干基数均不包括中央对地方的专项拨款。在每年预算执行中，这部分财政资金根据专款的用途和各地的实际情况另行分配。

3.1.3　1994年至今：分税制财政体制改革

随着经济体制改革的不断深入，市场经济因素不断增多，市场经济呼唤法制和规范性的内在要求，单纯放权让利的非规范性体制已经不适合市场经济的发展[1]，财政体制又面临着巨大的变革。

分税制是中央与地方政府之间划分税收收入的各种制度的总称。由于税收的划分涉及财力在各级政府之间的分配，形成了各级政府履行职能的物质保证，因此，财政体制即以此为名。分税制财政体制是市场经济国家普遍实

---

[1]　钟晓敏. 财政学［M］. 2版. 北京：高等教育出版社，2015.

施的财政体制,我国从 1994 年税制改革之后开始实行。分税制财政体制提高了"两个比重"①,更重要的是,它明确按照构建市场经济体制的要求进行,初步构建了市场经济体制下政府间财政关系的基本框架。1994 年财政体制改革的主要内容如下:

(1) 按照中央和地方政府的事权,划分各级财政的支出范围

中央财政主要负担国家安全、外交和中央机关运转所需经费,调整国民经济结构、协调地区发展、实施宏观调控必需的支出以及由中央直接管理的事业发展支出。具体包括:中央统管的基本建设投资,中央直属企业的技术改造和新产品试制经费,地质勘探费,由中央财政安排的支农支出,国防费、武警经费,外交和援外支出,中央级行政管理费,由中央负担的国内外债务还本付息支出,以及中央本级负担的公检法支出和文化、教育、卫生、科学等各项事业费支出。地方财政主要负担本地区政权机关运转以及本地区经济、事业发展所需的支出。包括地方统筹的基本建设投资,地方企业的技术改造和新产品试制经费,支农支出,城市维护和建设经费,地方文化、教育、卫生、科学等各项事业费和行政经费,公检法支出,部分武警经费,民兵事业费,价格补贴支出以及其他支出。

(2) 根据财权与事权相结合原则,合理划分中央与地方收入

按照税制改革后的税种设置,将维护国家权益、实施宏观调控所必需的税种划为中央税;将适宜地方征管的税种划为地方税,并充实地方税税种,增加地方税收收入;将与经济发展直接相联系的主要税种划为中央与地方共享税。具体划分如下:

中央固定收入包括:关税,海关代征消费税和增值税,中央企业所得税,地方银行和外资银行及非银行金融企业所得税,铁道部门、各银行总行、各保险总公司等集中缴纳的收入(包括营业税、所得税、利润和城市维护建设税),中央企业上缴利润等。外贸企业出口退税,除 1993 年地方已经

---

① 即中央财政收入占全国财政收入的比重和财政收入占 GDP 的比重。

负担的 20% 部分列入地方上交中央基数外,以后发生的出口退税全部由中央财政负担。

地方固定收入包括:营业税(不包括铁道部门、各银行总行、各保险总公司等集中缴纳的营业税),地方企业所得税(不含上述地方银行和外资银行及非银行金融企业所得税),地方企业上缴利润,城镇土地使用税,个人所得税,固定资产投资方向调节税,城市维护建设税(不含铁道部门、各银行总行、各保险总公司等集中缴纳的部分),房产税,车船使用税,印花税,屠宰税,农牧业税,农业特产税,耕地占用税,契税,遗产和赠与税,土地增值税,国有土地有偿使用收入等。

中央与地方共享税包括:增值税、资源税、证券交易税。增值税中央分享 75%,地方分享 25%;资源税按不同的资源品种划分,大部分资源税作为地方收入,海洋石油资源税作为中央收入;证券交易印花税,中央地方各分享 50%。

在划分税种的同时,分设中央税务机构和地方税务机构,实行分别征税。中央税种和共享税种由国税局负责征收,其中共享收入按比例分给地方;地方税种由地税局征收。

(3) 中央财政对地方税收返还数额的确定

为了保持地方既得利益,中央财政对地方税收返还数额以 1993 年为基期年核定。1993 年中央从地方净上划的收入数额(即消费税和 75% 增值税之和减去中央下划地方收入),全额返还地方,保证地方既得财力,并以此作为中央财政对地方的税收返还基数。1994 年以后,税收返还额在 1993 年基数上逐年递增,递增率按全国增值税和消费税的平均增长率的 1:0.3 系数确定,即上述两税全国平均每增长 1%,中央财政对地方税收返还增加 0.3%。如若 1994 年以后中央净上划收入达不到 1993 年基数,则相应扣减税收返还数额。

(4) 原体制的中央补助、地方上解及有关结算事项的处理

为顺利推行分税制改革,1994 年实行分税制以后,原体制的分配格局暂

时不变，过渡一段时间再逐步规范化。原体制中央对地方的补助继续按规定补助。原体制地方上解按不同体制类型执行：对实行递增上解的地区，按原规定继续递增上解；对实行定额上解的地区，按规定的上解额，继续定额上解；实行总额分成和原分税制试点地区，暂按递增上解办法，即按1993年实际上解数，并核定一个递增率，每年递增上解。

原来中央拨给地方的各项专款，该下拨的继续下拨。地方1993年承担的20%部分出口退税以及其他年度结算的上解和补助项目相抵后，确定一个数额，作为一般上解或一般补助处理，以后年度按此定额结算。

随着时间的推移，财政体制在1994年的框架上不断进行着调整和改革。在事权和支出责任的划分上，多年以来几乎未作变动。然而，诸如政府与市场边界不清、中央与地方职责交叉重叠等问题影响到了市场、中央和地方各自职能的发挥。党的十八大提出，要加快改革财税体制，健全中央和地方财力与事权相匹配的体制。2013年，《中共中央关于全面深化改革若干重大问题的决定》提出"建立现代财政制度"的目标。2014年出台的《深化财税体制改革总体方案》，明确改革的目标、基本思路和原则。2016年，国务院出台了《关于推进中央与地方财政事权和支出责任划分改革的指导意见》。未来的事权划分将在以下框架进行：根据财政联邦制的相关理论，划分中央和地方的事权，减少共同事权，建立事权划分的动态调整机制；事权与支出责任相匹配。2017年，党的十九大进一步明确"构建现代财政制度"的改革目标。2018年，《深化党和国家机构改革方案》提出将省级和省级以下国税地税机构合并，实行以国家税务总局为主与省（区、市）人民政府双重领导管理体制。这一时期，地方政府在经济增长中的作用显著提升。中央政府财力显著增强。国务院办公厅还于2018年、2019年接连印发《医疗卫生领域中央与地方财政事权和支出责任划分改革方案》《科技领域中央与地方财政事权和支出责任划分改革方案》《教育领域中央与地方财政事权和支出责任划分改革方案》。

在收入划分上，企业所得税和个人所得税已经调整为中央与地方六四分成的共享税；出口退税从 2004 年开始由中央与地方共同负担，以 2003 年为基数，超过基数部分的出口退税额中央与地方各承担一部分，2005 年开始中央承担 92.5%，地方承担 7.5%，2015 年 1 月 1 日起，出口退税全部由中央负担。

转移支付方面也进行了较大改革：1995 年开始实行的过渡期转移支付现在调整为均衡性转移支付，用客观因素作为财政转移支付的依据；2014 年，国务院发布了《关于改革和完善中央对地方转移支付制度的意见》。

1994 年以来，具体税种改革比较频繁，有一些是影响深远的改革，也影响到了政府间收入划分。例如，2016 年 5 月 1 日起，全面推开"营改增"试点，增值税收入也调整为中央和地方五五分成。

3.1.4 转移支付制度

纵向财政不平衡是分税制财政体制的常态，因此，财政转移支付在财政体制中不可或缺。同时，财政转移支付还承担着均衡地区财力的重要作用。地方的转移性收入是指上级政府对下级政府的补助性财政收入。转移性收入是地方政府财政收入的重要来源，尤其是在分税制财政体制下，由于收入集中在中央，而支出分散在地方，转移性收入对于弥补纵向财政不平衡，平衡地区差异具有非常重要的作用。2020 年地方一般公共预算收入 183439 亿元，其中地方本级收入为 100124 亿元，转移性收入为 83315 亿元（含税收返还）[1]，转移性收入占地方一般公共预算收入的比重为 45.4%。

从转移性收入的内容结构来看，我国转移支付分为一般性转移支付和专项转移支付，另外还有一块比较特别的——税收返还，我们有时把税收返还也作为转移支付的第三大块内容。一般性转移支付是指中央政府对有财力缺

---

① 数据来源：《关于 2020 年中央和地方预算执行情况与 2021 年中央和地方预算草案的报告》，http://www.mof.gov.cn/zhengwuxinxi/caizhengxinwen/202103/t20210314_3670203.htm，2021 年 3 月 14 日。

口的地方政府（主要是中西部地区），按照规范的办法给予的补助，地方政府可以按照相关规定统筹安排和使用。一般性转移支付包括均衡性转移支付、老少边穷地区转移支付、成品油税费改革转移支付、体制结算补助、基层公检法司转移支付、基本养老金转移支付、城乡居民医疗保险转移支付。其中，均衡性转移支付是指以促进地区间基本公共服务均等化为目标，选取影响各地财政收支的客观因素，考虑地区间支出成本差异、收入努力程度以及财政困难程度等，按统一公式分配给地方的补助资金。总体上看，我国一般性转移支付项目种类多、目标多元，均等化功能较弱；除了均衡性转移支付，其他一般性转移支付由于蕴含了中央政府的政策意图，被规定了具体使用方向，不能被地方政府统筹使用，不是严格的无条件转移支付。

专项转移支付是指中央政府对承担委托事务、共同事务的地方政府，给予的具有指定用途的资金补助，以及对应由下级政府承担的事务，给予的具有指定用途的奖励或补助。其主要用于教育、社会保障、农业等方面。目前，我国专项转移支付涉及领域过宽，分配使用不够科学；一些项目行政审批色彩较重，与简政放权改革的要求不符；地方配套压力较大，财政统筹能力较弱；转移支付管理漏洞较多、信息不够公开透明。

税收返还是1994年分税制改革之时，为确保地方既得利益而做出的妥协。中央对地方的税收返还是按照来源地规则设计的。在此规则下，各辖区获得的税收返还数额取决于向中央贡献了多少税收，不取决于各辖区的人口、人均收入、地理特征以及其他影响财政能力的因素。因此，税收返还不具备均等化效应，受益的主要是发达省份，是造成分税制后地区间差距拉大的一个因素。从对资金的使用有无指定用途的角度看，税收返还属于一般性转移支付。从转移性收入的地区结构来看，各个地方的财政收入中来自补助收入的比重有很大差别，经济发达地区由于经济基础强，财源茂盛，财政收入规模大，中央净补助收入占其地方财政总收入的比重相对较低。而经济落后地区，其相应的比重就比较高。

1994年，分税制财政体制改革基本确立了中央与省之间的财政关系。为了补充和完善分税制财政体制改革，1995 年出台了《过渡期转移支付办法》，这是中国转移支付制度的开始。从 2002 年开始，中央对地方的转移支付包括三大部分：财力性转移支付、专项转移支付和税收返还。财力性转移支付即无条件拨款，分为一般性转移支付和"其他部分"。当年"其他部分"转移支付的内容包括：调整工资转移支付、农村税费改革转移支付、县乡机构改革转移支付、民族地区转移支付、体制补助、结算补助及其他补助。随着时间的变化，财力性转移支付的内容在不断调整，从 2009 年开始，一般性转移支付改称为均衡性转移支付。与此同时，财力性转移支付改称为一般性转移支付，财力性转移支付成为历史名词。一般性转移支付、专项转移支付和税收返还构成了中国转移支付制度的主要内容，一般性转移支付即无条件拨款，专项转移支付即有条件拨款。2009 年形成的制度架构一直沿用至今，中间只做过微小的调整。

3.2　中国财政体制存在的问题

　　财政事权是一级政府应承担的运用财政资金提供基本公共服务的任务和职责，支出责任是政府履行财政事权的支出义务和保障。事权与支出责任划分是理顺政府间财政关系的焦点和难点问题，楼继伟（2018）指出，"这一问题是关系到国家治理模式和高阶法律甚至宪法确定的问题。新中国成立初期，我国的国家治理模式具有明显的'苏联烙印'。'五四宪法'作为我国现行宪法的基础，实体部分很大程度上借鉴了苏联 1936 年宪法（斯大林宪法）。比如，苏联宪法规定，苏联部长会议作为国家管理机关，其职权按照行政隶属关系，并根据计划管理需要设置；各加盟共和国和各行政区域自身没有经济决策自主权，都需要接受苏联部长会议的统一指导和管理。这种以中央计划管理经济、统一分配资源的行政机构设置模式，被照搬移入'五四宪法'。实际执行中，按照计划体制要求，国家通过计划指标控制经济运行，中央制定计划后，按照行政隶属关系层层分解，从中央、地方到企业的职能高度一致，都是生产和公共职能的统一体，都是计划分解落实的载体，形成了典型的行政性分权模式。长此以往，加上传统官僚文化的作用，政府间事权划分的体制模式逐渐定型：中央国家机构的主要职责是立政策、定标准，然后政府间逐级发号施令、层层转发文件，千针万线走到基层，主要由基层政府负责事权的具体执行。这样一种机关化的政府间关系体现出强烈的行政命令色彩，同一项事务多级政府均不同程度参与其中，责任主体不明确，执行效率不高，形成的体制惯性影响延续至今"①。

改革开放以来，中央与地方财政关系经历了从高度集中的统收统支到"分灶吃饭"、包干制，再到分税制财政体制的变化，财政事权和支出责任划分逐渐明确，特别是1994年实施的分税制改革，初步构建了中国特色社会主义制度下中央与地方财政事权和支出责任划分的体系框架，为我国建立现代财政制度奠定了良好基础。总体看，我国财政事权和支出责任划分为坚持党的领导、人民主体地位、依法治国提供了有效保障，调动了各方面的积极性，对完善社会主义市场经济体制、保障和改善民生、促进社会公平正义，以及解决经济社会发展中的突出矛盾和问题发挥了重要作用。

党的十八届三中全会提出，要建立事权与支出责任相适应的制度，适度加强中央事权，这就为政府事权改革指明了方向。此后，国务院陆续出台了一系列政策，"多点开花"，在中央和地方政府职能配置的实体化方面有明显改善，但仍出现了一系列新矛盾。尽管各级政府的收入规模在不断增长，但地方基层却出现了财政困难。这就意味着分税制改革尚未完成。综观我国财政体制，存在的问题主要涉及地方财政体制、转移支付、地方政府债务与土地财政问题。

---

① 楼继伟. 深化事权与支出责任改革推进国家治理体系和治理能力现代化 [J]. 财政研究，2018（1）：2-9.

3.2.1 地方财政体制存在的问题

当前,政府间事权划分不清晰、不合理的问题仍未得到彻底解决。究其原因,主要在于各级政府间的职能配置缺乏清晰分工的理念,上级通过行政命令管控下级,并非根据各级政府事权属性,采用"实体化"的方式承担事权,这就导致政府职能定位不清,一些本可由市场调节或社会提供的事务,财政包揽过多,同时一些本应由政府承担的基本公共服务,财政承担不够;中央与地方财政事权和支出责任划分不尽合理,实践中多以文件形式处理政府间关系,缺乏必要的法律权威和约束力。除对外事务、国防建设属于中央事权外,各级政府的职责并无明显区别,地方政府拥有的事权几乎全是中央政府事权的延伸或细化,中央和地方职责同构严重,多级政府共同管理的事项过多。部分事权划分不合理。一方面,本该由中央负责的事务中央没有负起责任,例如国际界河维护、跨流域大江大河治理、跨地区污染防治、海域和海洋使用管理、食品药品安全以及跨区域司法管理等事关国家利益和要素自由流动的事务;另一方面,适宜地方管理的事务没有完全放开,中央承担过多,地方没有担负起相应的支出责任;不少中央和地方提供基本公共服务的职责交叉重叠,共同承担的事项较多;省以下财政事权和支出责任划分不尽规范;有的财政事权和支出责任划分缺乏法律依据,法治化、规范化程度不高。

从省以下的财政体制来看,省地(市)之间事权划分仍不明晰,将原本属于省、地(市)政府的基本事权转移给县乡政府承担的情况依然存在。刘尚希(2012)认为,分税制改革定位在"中央"与"地方"两者之间,而不是针对各个层级政府之间的财政关系。而从大国治理来看,地方政府具有法律上的实体意义。长期以来,我国的国家治理遵循的是中央—地方两级政府的治理框架。省以下实行什么样的财政体制,应该交给省一级政府去考虑,中央政府不应过多干预。由于各地区之间存在较大差异,层层分税不符合实际。以生态功能区为例,当地由于要保水源地或林地,禁止开发或限制开发,如果再一味地分税,反而会增加其财政负担。因此,不能简单地"一刀切"。

3.2.2 转移支付存在的问题

尽管近年来一直强调要减少专项,增加一般转移支付的规模,但实际结果是相反的。这与各部门的权力有关。地方各级政府的驻京办越来越多。朱镕基(2011)指出,"分税制还有一个小小的'尾巴'没有改掉。这就是中央各个部都有财政部给的一笔钱,由各个部再拨给各个地方。从地方收上来,由中央各个部再分下去,把事权搞得很复杂,打酱油的钱不能用来买醋。这种分钱方法,就是统收统支,应该改掉"。从中可以看出,原本要解决的问题现在却愈演愈烈。

分税制的核心是一级政府一级财权,财权要和事权相统一。在现行的财政体制下,事权划分不清晰,财权分配不合理,导致转移支付目标不清,成了一种应急机制,承载了一些无法承载的功能(国家税务总局税收科学研究所,2018)。尽管近年来的转移支付制度在运行中有了明显改进,对地方经济发展发挥了重要的扶持作用,但却不能彻底解决地方财力不平衡问题。究其根源,还在于税制设计、事权和财权的划分不合理。

3.2.3 地方债与土地财政问题

孙秀林和周飞舟(2013)认为,与财政包干制相比,分税制是一个理性化的制度变革,其建立了中央与地方之间关系的稳定互动框架,而以土地为中心的城市扩张模式是这次改革的意外后果。为缓解财政压力,地方政府转向从大规模发债和征地卖地中增加收入。我国地方政府债务在近年持续且快速攀升。截至2019年底,地方政府债务率已上升到37.1%(陈念东和曹海涛，2021）。大量地方政府负有连带责任的债务由地方政府融资平台持有，这些债务在官方统计中被归类为企业债务。这种隐性地方债务的存在使官方数据低估了地方政府的实际负债水平①。债务负担严重的地方政府多位于中西部地区，这些地区因经济发展较落后，偿债能力较低。

这些问题的存在不利于充分发挥市场在资源配置中的决定性作用，亦不利于政府有效提供基本公共服务，与建立健全现代财政制度、推动国家治理体系和治理能力现代化的要求不相适应，必须积极推进中央与地方财政事权和支出责任划分改革。

---

① Yuangyan Sophia Zhang and Steven Barnett, Fiscal Vulnerabilities and Risks from Local Government Finance \ in China, IMF Working Paper, https：//www.imf.org/external/pubs/ft/wp/2014/wp1404.pdf, 2014；中国人民银行：《中国金融稳定报告 2018》，http：//www.pbc.gov.cn/jinrongwendingju/146766/146772/3656006/index.html，2019 年 12 月 12 日。

第 4 章

财政体制垂直失衡的测度与特征分析

4.1　引言

　　财政是国家治理的基础和重要支柱，财政体制作为这个基础和支柱的重要组成，不仅直接决定着政府与市场的关系，还决定了层级政府间权责关系，两者又进一步决定了国家治理绩效。正因如此，财政体制改革一直被各国所重视，尤其是在过去 40 多年时间中，分权改革成为一种世界潮流。然而，虽然分权是一种共同取向，但其改革实践在国家间存在很大差异。作为一个大国经济体，自 1978 年改革开放，中国也开启了财政体制的分权改革之路，并在 1994 年最终确定了分税制财政体制。尽管在 1994 年之后，中国也对财政体制进行了一定调整，但整体框架和主要特征基本未变。从已有文献对中国财政体制的分权改革评价看，中国 1994 年确立的财政分权体制在激励地方政府主导本地经济发展方面发挥了重要作用，被认为是中国实现近 20 年高速发展的有效激励机制（张五常，2012；Yang Yao，2014）。然而，由于中国 1994 年的财政体制分权改革是在集权政治体制和行政性分权体制下展开的，再加上分权改革的目标是提高两个比重，所以改革的一个自然结果就是，财政收入集中度向上逐级提高，财政支出责任向下逐级提高。不仅如此，由于特殊的条块共治体制，无论是财政收入，还是财政支出责任，其垂直分配不仅发生在层级政府之间，而且发生在职能部门垂直层级之间。两方面原因结合在一起，使得中国 1994 年确立的财政分权体制呈现出一个明显特征，即垂直财政失衡。地方政府及其职能部门接受了太多事责，但分配到相对较低财力。为了弥补下级政府的事责所需财力缺口，上级政府，主要是中央政府不得不借助于大规模转移支付，同时为下级政府的一些融资行为留出一定空间。在这种体制下，地方政府既需要积极发展经济，通过扩大税基提高地方财政能力，又要调动各方面因素扩大融资途径。两种效应的结合带来了一个必然结果，就是地方政府各种债务不断积聚。为了规范地方政府举债行为，中央政府采取了一系列措施，包括普查债务、放松地方政府自主举债限制等。但由于缺乏对垂直财政失衡的深入研究，一系列措施并没有真正解决地方政府不规范融资行为。例如地方政府通过购买服务、公私合营等方式实现融资①。

  作为中国财政分权体制的最重要特征，垂直财政失衡可以说是认识中国奇迹和各种失衡问题的一个现实背景。因为在中国，政府主导是地方经济社会发展的主要模式。在这样一种治理模式下，地方政府治理就成了国家治理最核心内容。为了激励地方政府做到两个响应，即既要能够贯彻中央指示精神，又要能够对辖区经济社会发展负责，以稳固基层政权，中央政府需要同时利用两个工具，即用地方主要领导的垂直任命和中央巡视检查解决第一个响应问题，用经济激励解决第二个响应问题。其中，经济激励的主要途径就是实施行政权下移和财政收入集中。行政权下移让地方政府在做事上拥有充分自主权，以调动地方政府主观能动性。财政收入上移则让地方政府始终处于资金饥渴之中，以便让中央转移支付发挥作用，同时激励地方政府扩大融资途径和税收基础。财政体制中的事责和财力的垂直失衡可以说是中国实现第二种响应最重要的制度安排。这种制度安排也是中央政府实现第一种响应的制度基础，因为无论是垂直任命还是巡视检查，基本上也都是落在地方政府收支活动上，垂直任命下的晋升激励需要地方政府有参与竞争的物质条件，巡视检查需要地方政府有财政收支上的不规范行为。然而，已有文献对中国这一重要体制特征的研究主要集中于支出分权和收入集中的影响，例如Wang 和 Herd（2013）、Wu 和 Wang（2013）、Kung 和 Chen（2016）、Kamp等（2017）研究这种制度安排对地方政府财政行为的影响。左翔等

---

① 为此，财政部等六部委不得不在2017年4月26日发布文件《关于进一步规范地方政府举债融资行为的通知》（财预〔2017〕50号），禁止地方政府借用PPP、政府产业引导基金等方式违规举债融资，2017年6月2日财政部再度发文《财政部关于坚决制止地方以政府购买服务名义违法违规融资的通知》（财预〔2017〕87号）。

(2011)、孙秀林和周飞舟（2013）、缪小林和伏润民（2015）、赵文哲和杨继东（2015）等认为这种财政体制的激励效应，主要是地方政府融资行为激励。而对中国财政体制垂直失衡这一典型特征的研究却很少，仅有的文献包括江庆（2009）、Jia 等（2014）、储德银等（2017）和辛冲冲等（2021）对此有过讨论，但也主要是用财政预算收支差额或转移支付度量垂直财政失衡水平。虽然新旧预算法都曾明确"一级政府，一级财政"，但并没有对各级政府支出责任有过清晰界定，导致现实中，财政体制垂直失衡不能仅就一级政府的支出和收入比较加以测度，因为在一级政府实际的支出中，并不清楚哪些是其应有职责，哪些是上级政府委托职责。所以，本书在衡量垂直财政失衡上，依据二代分权财政理论，首先对垂直财政失衡作出界定。在此基础上，针对中国财政预算收支的政府间分配实践，提出垂直财政失衡测度方法。

本章创新主要可概括为如下两点：第一，综合了有关垂直财政失衡的各种界定，并结合理论与中国实践，提出了三种垂直财政失衡测度方法；第二，对中国垂直财政失衡的特征进行了多维度刻画。本章余下部分的结构安排是：第二部分对财政体制垂直失衡的概念进行界定；第三部分建立了测度中国财政体制垂直失衡的方法并对中国财政体制垂直失衡程度进行测度；第四部分对中国财政体制垂直失衡的特征进行多维分析；第五部分为本章研究结论小结。

4.2 财政体制垂直失衡的概念界定

财政体制，即政府间财政关系，要解决的关键问题是收入和支出职能在不同层级政府间的配置问题。从各国财政实践来看，几乎所有联邦体制国家都存在着下级政府支出大于自有收入的情况（Bergvall 等，2006），在 OECD

国家，政府支出的 30% 以上被分权给下级政府，而只有不到 20% 的收入由下级政府筹集（Bouton 等，2008），这种收入和支出不匹配的现象即为垂直财政不平衡（Vertical Fiscal Imbalance，VFI），下级政府支出与收入差距称为垂直财政缺口（Vertical Fiscal Gap，VFG）。

有学者基于预算平衡的视角对财政体制垂直失衡问题进行解析。Hunter（1977）将财政体制垂直失衡定义为中央政府"控制"的收入和地方政府"控制"的收入不平衡。Hettich 和 Winter（1986）认为，传统以赤字度量 VFI 的方法并不妥当，他们基于多数规则的简单三部门模型，以及资源约束下的产出部门间配置分析，认为长期 VFI 是与资源不同配置均衡相关的福利损失。由于长期 VFI 是结构问题，所以不可能通过某一级政府的预算政策获得解决。短期 VFI 则是状态矢量发生变化后保持某种配置产生的效率损失。基于理论分析，两位作者对传统以赤字度量 VFI 的方法提出了质疑，认为赤字既与长期 VFI 无关，也与短期 VFI 无关。然而，两位作者并没有在研究中提出可用于实证分析的 VFI 度量方法。在其之后，有关垂直财政不平衡的定义和度量似乎又回到了传统。Dollery（2002）将某级政府自有收入相对其自有经常性支出的比率定义为垂直财政不平衡。Boadway 和 Tremblay（2006）认为垂直财政不平衡应以垂直财政平衡为基准，垂直财政平衡不是各级政府自有支出与收入完全对应，而是存在一个最优垂直财政缺口。垂直财政不平衡被定义为任何偏离于最优垂直财政缺口的情形。

综上所述，不同学者基于不同的理论视角对财政体制垂直失衡进行了界定，在丰富对这一问题的认识的同时，也使得形成一个统一的 VFI 的定义和度量方法显得尤为重要。Sharma（2007）在归纳已有关于 VFI 和 VFG 的定义和度量方法的基础上，提出了垂直财政不对称的概念（Vertical Fiscal Asymmetry，VFA）。垂直财政不对称是指下级政府相比于中央政府，被分配了更多支出义务和更少的收入。他认为，这是三个不同的概念视角，不应该被混用。VFI 和 VFG 是描绘 VFA 的两个不同概念，只有对这两个概念进行细致界定才能解决好 VFA 的问题。所以 VFA 既不应被称为 VFI，也不应被称为 VFG。因为 VFA 有时反映的恰是事物合意状态，从而使其无须通过政府间职能重新配置来解决，而是需要通过转移支付弥补缺口。根据这种关系，他认为存在 VFI 就一定会存在一个没有被充分填充的缺口，而存在 VFG 不一定意味着就存在 VFI，所以 VFI 和 VFG 反映了对 VFA 的不同价值判断。作者进一步指出 VFI 和 VFG 不同的预设前提，其中 VFI 的预设前提是自利型政府，政府间转移支付被认为是一种导致公共部门过分扩张的共谋机制。在此预设前提下，分权会促进政府间竞争、税收分割和对选民负责，所以下级政府自有收入充分与否是分权体制的主要问题。VFG 的预设前提则是仁慈型政府，政府间转移支付被认为是政府能够处理分权失灵的协调机制。在这个预设前提下，分权可以促进合作、税收分享和向上级政府负责，所以转移支付充分与否是分权体制的主要问题。基于对 VFI 和 VFG 不同预设前提的分析，Sharma（2012）认为，VFI 只是被用于代表一种特殊类型的收入—支出不对称（VFA）。根据他的分析，垂直财政不对称有三种类型：第一种是财政不平衡的财政不对称，即收入权和支出责任在垂直政府间不适当配置，这种情况为 VFI，是不合意的财政不对称；第二种是没有财政不平衡但有一个财政差距的财政不对称，这种情况才是 VFG，垂直财政差距意味着有一个合意的收入—支出不对称，但存在一个需要解决的财政差距；第三种是既没有财政不平衡又没有财政差距的财政不对称，这种情况被定义为垂直财政差异 VFD（Vertical Fiscal Difference），即政府间存在着合意的收入—支出不对称，并且收支之间也不存在财政缺口。

　　后续研究中，学者们基于 Sharma（2007，2012）建立的 VFI 概念性分析框架及自己的研究需要采用不同的 VFI 定义，如将 VFI 定义为偏离最优财政缺口的状态（Boadway 和 Tremblay，2010）、下级政府的财政自治（Crivelli，2012）、联邦和州政府提供公共服务的边际收益比率与相对边际成本不对称（Dahlby 和 Rodden，2013）、下级政府自有收支缺口（Eyraud 和 Lusinyan，2013；Aldasoro 和 Seiferling，2014）、转移支付依赖度（Meloni，2016；Cevik，2017）。

从国内研究来看，学者们对中国分税制财政体制中存在的政府间财政收支不平衡的理解基本一致，即政府间事权和支出责任不匹配。孙开（1998）认为，地方政府较少的自有财力与较高的财政支出需求，中央政府较高的自有财力与较低的支出需求，产生了纵向财政失衡，需要中央转移支付来纵向调节。楼继伟（2013）认为，中国财政体制不平衡主要表现为中央政府直接管理的事务太少，而通过大规模转移支付补助地方管理的事务，客观上又不同程度地干预了地方事权。刘成奎和柯醍（2015）发现，在政府规模既定的情况下，当地方自身支出与自身收益不匹配时，就产生了纵向财政不平衡。顾昕和白晨（2015）从医疗救助筹资中央、省和县级政府事权、财权、筹资责任及"执行"主体的不匹配刻画了财政纵向失衡。贾俊雪等（2016）认为，财政收支责任安排的不匹配引致了地方财力缺口比较严重，而这种缺口通过财政转移支付制度之后，仍无法弥补。赵为民和李光龙（2016）在研究财政分权与纵向财政失衡问题时发现，地方政府事权和财力的不匹配导致了严重的纵向财政失衡，纵向失衡过大会导致公共池效应，不利于社会性支出效率的提升。

综观国内外研究中对财政体制垂直失衡的概念界定，基本都是基于不同层级政府间事权和支出责任的不匹配所导致的地方政府自有收入不能支撑自有支出，从而依赖中央政府纵向调节等理论和经验事实。然而，在我们对中国财政体制垂直失衡问题进行界定时，还需立足中国分税制改革实际。已有研究基本上将事权和支出责任对应起来，很少考虑执行责任。这种情况在下级政府自治程度较高的经济体，问题的确不重要，因为在这样的经济体中，事权与执行责任是统一的，而事权本身就意味着支出责任，所以三者不加区别使用也就没有太大问题。但在转型经济体，尤其是政治上集权的经济体，事权和执行责任往往高度分离。在这种体制中，垂直财政不平衡就不能简单理解为自有收入与自有支出的差异，或者转移支付依存度，即使将地方政府借债也包括进来，也未必反映真实的垂直财政不平衡。由于事权和执行责任的分离，本书认为，中国的财政体制垂直失衡应界定如下：在中国政治集权、行政分权的背景下，中央和地方政府事权、支出责任及执行责任的分离所导致的地方政府分担得较多的事权、支出责任、中央委托代办及央地共同办理的执行责任与较少的自有财力之间的不平衡格局。

如图 4-1 所示，盒状图左边 ABGF 部分呈现的是中央和地方政府事权划分，右边 BCHG 部分呈现的是中央和地方政府财权划分。近几十年来的分权财政体制，使中央政府聚集了大量的财政收入，为保障中央政府发挥宏观调控和经济稳定职能提供了财力支撑。与此同时，地方政府在提供符合辖区居民公共服务需求偏好的公共服务方面的信息和成本优势，使其被分配了更多的事权和支出责任，而为满足这些公共服务的供给，仅依靠地方自有财力是无法满足的，因此就产生了垂直财政失衡。图中，ABOD 区域为中央政府的事权，DOGF 为地方政府被分配的事权，BCPQ 为中央政府控制的财权，QPHG 为分配给地方政府的财权。盒状图的右边，BCEO 部分代表与中央事权相匹配的支出需求，OEHG 部分代表与地方政府事权相匹配的支出需求，而地方自有财力仅能满足 QPHG 的支出需求，差额 OEPQ 部分即为垂直财政失衡（VFI）。

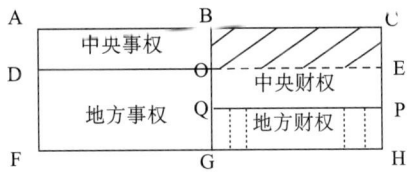

图 4-1　财政体制垂直失衡示意图

4.3　财政体制垂直失衡的测度

4.3.1　测度方法

财政垂直失衡的度量在不同研究中存在较大差异。在这些不同度量方法中，最具代表性的有如下几种：一是早期 Hunter（1977）提出的方法，即 VFI = 1 - [（税收分享 + 转移支付）/下级政府总支出]；二是 Khemani（2006）提出的方法，即 VFI =（总的政府间转移支付/下级政府总收入）；三是 Collins（2002）提出的方法，即 VFI =（自有收入/自有目的支出）；四是 Eyraud 和 Lusinyan（2013）给出的更为复杂的度量方法，这篇文献区别了几种情况分别采用不同度量。首先，文章将 VFI 定义为 1 -（下级政府自有收入/下级政府自有支出）。其次，如果 VFI 是采用中央转移支付和下级政府净借债弥补，则 VFI 就等于转移支付依存度加上下级政府赤字，其中转移支付依存度等于净转移支付除以下级政府自有支出，而下级政府赤字则等于下级政府净借债除以下级政府自有支出。如果 VFI 依赖于收支分权不匹配，则 VFI = 1 -（收入分权/支出分权）×（1 - GG 赤字），其中收入分权等于下级政府自有收入除以整个政府收入，支出分权等于下级政府自有支出除以整个政府支出，GG 赤字等于整个政府支出与收入差额除以整个政府支出。已有的 VFI 测度方法如表 4 - 1 所示。

表 4 - 1　　　　　　　　已有 VFI 测度方法

作　者	VFI 的不同测量方法
Hunter（1977）	VFI_1 = 1 -（共享收入 + 无条件及其他转移支付）/地方政府的总支出 VFI_2 = 1 - 无条件及其他转移支付/地方政府的总支出 VFI_3 = 1 - 其他转移支付/地方政府的总支出
Muddipi（1991）	VFI = [（地方政府自有税收收入 + 地方政府非税收入）/总收入］/（地方政府收入支出/总收入支出）
Ahmad 和 Craig（1997）	VFI = 1 - 非地方政府掌控的收入/地方政府总支出
Collins（2002） Ebel 和 Yilmaz（2002）	VFI = 各级次政府自有收入/各级次政府预期支出
Rodden 和 Wibbels（2002）	VFI =（转移支付 + 共享收入）/地方政府总收入

续表

作 者	VFI 的不同测量方法
Rao 和 Singh（2002）	VFI_1 = 州政府自己的经常性收入占政府经常性总收入的比重 VFI_2 = 州政府的经常性支出占政府经常性总支出的比重 VFI_3 = 州政府自己的经常性收入占政府经常性支出的比重 VFI_4 = 州政府的总的经常性收入与资本收入的和占经常性支出与资本支出之和的比重
Rodden 和 Wibbels（2002）	VFI =（拨款 + 共享收入）/总地方政府收入
Osterkamp 和 Eller（2003）	VFI = 政府间转移支付/地方政府支出
Bird 和 Tarasov（2004）	VFI_1 = 地方政府净转移支付收入/（地方政府支出 + 借债收入） VFI_2 =（地方政府净转移支付收入 + 地方政府净借债收入）/（地方政府支出 + 借债收入） VFI_3 = 1 −（地方政府转移支付收入 − 地方政府净转移支付收入 − 地方政府净借债收入）/（地方政府支出 + 借债收入）
Khemani（2006）	VFI = 总政府间转移支付/地方政府总收入
Eyraud 和 Lusinyan（2013）	VFI_1 = 1 − 地方政府自有收入/地方政府自有支出 VFI_2 = 1 − 收入分权 ×（1 − 政府赤字）/支出分权
Aldasoro 和 Seiferling（2014）	VFI_1 = 1 −（地方政府自有支出 + 地方政府净转移支付收入 − 地方政府债务收入）/地方政府自有支出 VFI_2 = 1 − 地方政府收入分权 ×（1 − 政府赤字占总支出比重）/（地方政府支出分权）
贾俊雪等（2016）	VFI = 1 − 地方本级预算内收入/政府本级预算内支出

资料来源：根据 Sharma（2010）、Eyraud 和 Lusinyan（2013）、Aldasoro 和 Seiferling（2014）和贾俊雪等（2016）整理而来。

与国外学者对财政分权体制下收支不平衡问题的研究既注重对收支不平衡的概念界定，又注重具体度量方法不同，国内学者对中国分税制财政体制中存在的政府间财政收支不平衡的研究更多在于描述性分析。从目前国内能够找到的研究看，真正采用定量方法讨论垂直财政不平衡的有江庆（2007）、刘成奎和柯毓(2015)、贾俊雪等(2016)、赵为民和李光龙(2016)和储德银(2017)。其中,江庆(2007)采用Hunter(1977)方法,用三种方法度量过中国分税制后纵向财政不平衡程度。三种方法分别为:VFI = 1 – (税收返还 + 补助支出)/地方政府财政支出;VFI = 1 – (无条件补助 + 有条件补助)/地方政府财政支出;VFI = 1 – 有条件补助/地方政府财政支出。刘成奎和柯毓(2015)用地方本级支出中由非本级收益提供的部分所占的比例来衡量VFI。贾俊雪等(2016)用地方本级预算内收支缺口占地方本级预算内支出的比重来表示。赵为民和李光龙(2016)用中央转移支付收入(含税收返还)占本级财政收入的比重对财政体制垂直失衡问题加以度量。储德银(2017)分别使用Eyraud和Lusinyan(2013)提出的两种测度方法对中国的财政体制垂直失衡问题进行了测度和分析。

值得注意的是,以上我们在对VFI进行界定时,所提到的事权、支出责任、财权不匹配都有一个前提,即不同层级政府之间的边界是清晰的,中央和地方政府事权和支出责任的划分是明确的。西方发达国家的分权体制已相对稳定和成熟,这些国家的政府边界和政府责任相对清晰。然而在中国,中央和地方政府间的边界模糊,事权、支出责任和执行主体高度分离,因此,不能简单地套用西方地方政府自有收支不匹配的方法来简单地刻画中国的财政体制垂直失衡问题,这就需要建立符合中国财政体制本身的度量方法。

在当前中国不同层级政府收入和支出边界不清晰的情况下,本书认为,可以尝试在以下两个方面进行改进:首先,应厘清地方政府现有可支配财力,即地方政府依靠自己的财权获得了多少收入?还有多少纵向和横向的调节补助资金可以实际为地方公共品供给及维护政权运行利用?其次,依据财政分权理论合理划分中央和地方政府的支出边界。财政联邦主义认为,宏观经济稳定和收入再分配是中央政府的职能,资源配置是中央和地方政府的共同职能,而地区性公共品供给是地方政府的职能。中央和地方政府的支出与其职能即事权相对应,进而可以区分出两者的支出边界。

从具体的操作层面来看:对中国而言,在既定的收入划分框架下,财政体制垂直失衡更多的是针对政府间支出职能配置不合理。在这种情况下，将支出责任配置依据效率原则和公平原则，在委托代理框架下，区分出地方本级支出中应由地方政府承担完全支出责任的支出、应由中央和地方政府共同承担的支出和地方政府不该承担的支出（即应由中央政府承担完全支出责任的支出），计算其与地方政府现有收入的差额，进一步得出中国的财政体制垂直失衡程度。这样做的目的在于：第一，清晰呈现中国财政体制垂直失衡的梯度特征；第二，有助于识别出造成中国财政体制垂直失衡的根源；第三，便于有针对性地提出减少中国财政体制垂直失衡的建议。据此，本书对VFI的测度将从以下三个层面展开：

$VFI_1 = 1 -$ 地方政府现有收入/地方应承担支出

$VFI_2 = 1 -$ 地方政府现有收入/（地方应承担支出 + 应由央地共担支出）

$VFI_3 = 1 -$ 地方政府现有收入/（地方应承担支出 + 应由央地共担支出 + 应由中央承担支出）

其中，地方政府现有收入 = 地方本级收入 + 中央补助收入 - 专项转移支付[①] - 上解中央支出[②]。

4.3.2 数据和指标

《国务院关于实行分税制财政管理体制的决定》（国发〔1993〕85号）对中央与地方的财政支出范围进行了明确的划分，其中，中央政府主要承担国家安全、外交和中央国家机关运转所需经费支出，调整国民经济结构、协调地区发展、实施宏观调控所必需的支出以及由中央直接管理的事业发展支出，包括国防费、武警经费、外交和援外经费、地质勘探费等；地方政府则主要承担地方各级政权机关运转所需经费支出及本地区经济、事业发展所需

---

① 由于地方政府不具有专项转移支付资金的自由支配权，故在此处予以扣除。

② 由于政府职能对应的支出不能很好地区分地方政府是否做了不该政府做的事，所以没有包括地方政府性基金支出。

支出。基于此，本书在借鉴 Shah（1991）、卢洪友（1999）和马海涛（2014）对中央和地方政府的支出责任划分的基础上，将地方政府支出区分为三类：应由地方政府承担完全支出责任的支出、应由中央和地方政府共同承担的支出和地方政府不该承担的支出（即应由中央政府承担完全支出责任的支出）。其中，应由地方政府承担的支出包括：城市维护费、抚恤和社会福利救济费、社会保障补助支出、企业挖潜改造资金、行政管理费、行政单位离退休经费、公检法部门经费、流通部门事业费、流动资金、车辆税费支出、专项支出、债务利息支出等；应由中央政府承担的支出包括：国防支出、外交支出、武警支出和地质勘探费；央地共担支出为基本建设支出、科技三项费用支出、农林水利支出、科教文卫支出、支援不发达地区支出、政策性补贴支出及土地海域开发支出等。

为清晰地呈现分税制改革 20 多年中国的财政体制垂直失衡程度，本书选取了 1994—2015 年中国 31 个省（市）的财政收支数据对 VFI 进行测算，数据来源于 1995—2016 年《中国财政年鉴》《中国统计年鉴》及部分年份的《全国地市县财政统计资料》、各省份的财政决算报告、财政预算执行情况报告等①。

4.3.3 VFI 的测度结果

表 4-2 和图 4-2 呈现的是 1994 年分税制改革以来中国的财政体制垂直失衡情况。通过观察发现，1994—2015 年的 VFI_1 均为负值，在 -0.9921 至 -0.5634 之间波动增加，均值为 -0.7411，表明地方政府现有收入大于地方政府自有支出，亦即，地方政府可支配财力足以满足应由地方自己承担的支出责任需求。所有年份的 VFI_2 和 VFI_3 均为正值，其中，VFI_2 的波动增加范围为 0.0617—0.2084，均值为 0.1367，VFI_3 的波动增加范围为 0.0623—

---

① 其中，2007—2014 年西藏地区转移支付数据缺失，2010 年海南、重庆转移支付数据缺失，2011 年海南转移支付数据缺失。

0.2101，均值为0.1399，表明随着应由央地共担支出和不应由地方政府承担的支出的增加，使得地方政府的自有财力无法满足支出需求，从而造成了财政体制垂直失衡。这一结果也映射出，在当前的中国财政分权体制下，事权、支出责任和执行责任分离给地方政府带来的支出压力。总体来看，尽管中国财政体制垂直失衡程度在波动上升，但波动范围及增速相对较小，年均增速为4.44%。

表4-2　　　　1994—2015年中国财政体制垂直失衡程度

年度	VFI_1	VFI_2	VFI_3
1994	-0.9921	0.0617	0.0623
1995	-0.9017	0.0784	0.0793
1996	-0.9363	0.0712	0.0726
1997	-0.8811	0.0861	0.0879
1998	-0.8049	0.1079	0.1108
1999	-0.7095	0.1444	0.1477
2000	-0.6618	0.1450	0.1511
2001	-0.6435	0.1520	0.1590
2002	-0.6088	0.1593	0.1660
2003	-0.5928	0.1344	0.1414
2004	-0.6173	0.1184	0.1252
2005	-0.6265	0.0919	0.0982
2006	-0.6443	0.0844	0.0905
2007	-0.6549	0.1364	0.1380
2008	-0.7039	0.1667	0.1681
2009	-0.5634	0.1906	0.1923
2010	-0.6354	0.2084	0.2101
2011	-0.7717	0.1836	0.1853
2012	-0.8395	0.1771	0.1788
2013	-0.7751	0.1890	0.1906
2014	-0.8420	0.1665	0.1680
2015	-0.8978	0.1539	0.1552

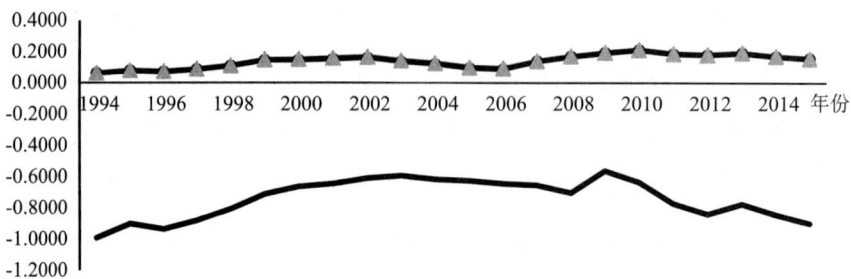

—— VFI₁=1-(本级收入+中央补助-上解-专项转移支付)/地方应承担支出
—●— VFI₂=1-(本级收入+中央补助-上解-专项转移支付)/(地方应承担支出+应由央地共同承担支出)
—▲— VFI₃=1-(本级收入+中央补助-上解-专项转移支付)/(地方应承担支出+应由央地共同承担支出+应由中大承担支出)

图 4-2　1994—2015 年中国财政体制垂直失衡程度

从时间趋势上来看，1994 年以来，VFI 呈现波动上升趋势，且从 1998 年起保持较高水平，2008 年之后尤著，2010 年，VFI₃ 攀升至最高水平，达到 0.2101，即地方支出超出地方现有财力水平 21.01%。图 4-3 描绘的是 1995—2015 年中国地方政府收入增速与支出增速的变动状况①，通过观察发现，VFI 的波动与这两者有着密切的关系：当地方政府收入增速大于支出增速时，VFI 降低，即地方政府拥有更多的可支配财力来应对增长的支出，财政体制垂直失衡程度降低；当地方政府收入增速小于支出增速时，VFI 增高，即地方政府的可支配财力的增加不足以支撑政府支出的增加，财政体制垂直失衡程度加深。

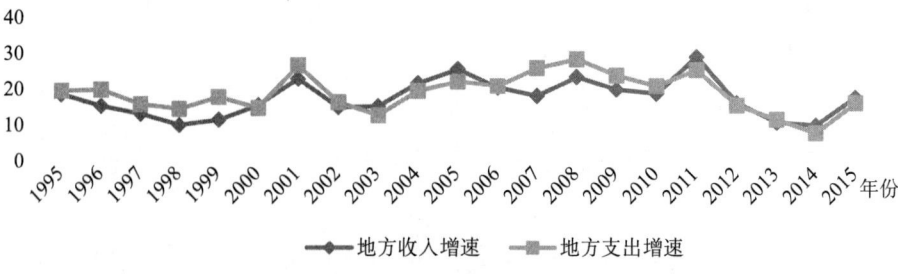

图 4-3　1995—2015 年地方政府收入增速与支出增速

---

① 这里的地方收入包括本级收入、一般转移支付和税收返还收入。

此外，VFI 的波动还受宏观经济波动和财政政策的影响。正如楼继伟（2013）所指出的，中国的财政宏观调控从 1998 年起进入了一个新的发展阶段。1997 年亚洲金融危机爆发，为扩大需求，维持宏观经济良好运行，财政宏观调控以积极的财政政策为主，政府实施了扩大预算赤字、增发国债、加强基础设施投资、降低关税税率、增加社会保障和科教领域支出等举措；此外，1998 年"公共财政"的实施及政府间支出改革也使得更多的支出责任下放到地方，进一步增加了地方政府的支出压力，在这一背景下，财政体制垂直失衡增加，VFI 水平较高。2007 年，美国的次贷危机引发的全球金融危机又给中国的经济稳定带来了经济下行的压力，财政宏观调控由稳健转为积极，2008 年"4 万亿"经济刺激计划出炉，通过扩大公共投资、结构性减税等拉动经济增长，进一步导致了 VFI 的上升。自 2011 年起，中国的经济增速就由过去 10% 左右的高增长转为中高速增长的新常态。国家统计局公布的最新数据显示，2010—2016 年，GDP 增速由 10.6% 降为 6.7%[①]。与此同时，全国财政收入的比重由 21.3% 降为 4.5%，支出增速由 17.8% 降为 6.4%[②]。卢洪友和龚锋（2015）认为，经济社会发展的新常态一方面加大了宏观经济的不确定性，另一方面也促使财税环境趋紧。具体体现为税收收入由连年大幅超 GDP 增长转为与 GDP 保持大致同步增长，略高于或略低于 GDP 增长，将成为税收增长的新常态；与此同时，民生性支出刚性约束日益增强，对创新宏观调控提出了更高的要求。因此，财政新常态也是近期 VFI 居高不下的原因之一。值得注意的是，2013 年全国范围内交通运输业和部分现代服务业"营改增"政策的实施，使得地方政府收入减少，导致这一年的财政体制垂直失衡程度加深。如表 4-2 所示，2011—2015 年的 VFI 分别为 0.1853、0.1788、0.1906、0.1680 和 0.1552。

---

① 数据来源：国家统计局官网，http://data.stats.gov.cn。
② 2010—2015 年的数据来源为《中国统计年鉴（2016）》，2016 年的数据来源为财政部国库司发布的《2016 年财政收支情况》（http://gks.mof.gov.cn/zhengfuxinxi/tongjishuju/201701/t20170123_2526014.html）。

4.4 财政体制垂直失衡的多维分析

在中国的财政分权体制下,不同省份和地区之间由于存在资源禀赋、地理位置等方面的差异性,财政体制垂直失衡程度亦不尽相同。这一部分,将从省级层面、地区层面对中国的财政体制失衡程度做进一步的分析。

4.4.1 省级层面的财政体制垂直失衡

1994—2015年中国各省(自治区、直辖市)财政体制垂直失衡的测度结果显示(如表4-3所示),不同省份的财政体制垂直失衡程度有较大差异。由于本书对VFI的测度是地方政府支出与收入的差额,因此,VFI_1的绝对值越大,财政收入对财政支出的满足状况越好;而VFI_2和VFI_3的值越大,表明财政收入越不足以支撑财政支出,即财政体制垂直失衡程度越大。各省(自治区、直辖市)VFI_1均为负值,表明地方现有财力足以支撑自有支出,VFI_2和VFI_3均为正值,表明由于地方政府承担了央地共担和本应由中央政府承担的支出后,财政体制垂直失衡程度加深。

表4-3　　　　1994—2015年中国各省(自治区、直辖市)
财政体制垂直失衡程度①

省份	VFI_1	VFI_1排名	VFI_2	VFI_2排名	VFI_3	VFI_3排名
北京	-0.7816	11	0.0587	4	0.0601	4
天津	-0.7077	18	0.0713	7	0.0735	6

① 表中的VFI排名是按照财政垂直失衡程度由轻到重的排名,排名越靠前,垂直失衡程度越轻。

续表

省份	VFI_1	VFI_1排名	VFI_2	VFI_2排名	VFI_3	VFI_3排名
河北	-0.6649	23	0.1756	16	0.1784	16
山西	-0.7378	15	0.1636	12	0.1665	11
内蒙古	-0.6450	24	0.2100	24	0.2196	24
辽宁	-0.4722	31	0.1548	10	0.1587	10
吉林	-0.5971	28	0.2413	29	0.2451	29
黑龙江	-0.6095	26	0.2277	27	0.2307	27
上海	-0.7596	12	0.0102	1	0.0114	1
江苏	-0.8610	7	0.0694	5	0.0723	5
浙江	-0.9776	1	0.0454	3	0.0486	3
安徽	-0.7069	19	0.1814	18	0.1845	18
福建	-0.9351	3	0.0708	6	0.0752	7
江西	-0.7128	17	0.1965	22	0.2016	22
山东	-0.7844	10	0.0938	8	0.0962	8
河南	-0.6807	22	0.1755	15	0.1772	13
湖北	-0.5974	27	0.1766	17	0.1786	17
湖南	-0.6193	25	0.1734	13	0.1778	14
广东	-0.9330	4	0.0187	2	0.0220	2
广西	-0.8049	8	0.1441	9	0.1488	9
海南	-0.7051	20	0.1621	11	0.1670	12
重庆	-0.5211	30	0.1931	21	0.1965	21
四川	-0.7373	16	0.1742	14	0.1780	15
贵州	-0.8874	6	0.1841	19	0.1880	19
云南	-0.8959	5	0.1889	20	0.1928	20
西藏	-0.9550	2	0.2142	25	0.2205	25
陕西	-0.7390	14	0.1984	23	0.2020	23
甘肃	-0.6894	21	0.2534	30	0.2577	30
青海	-0.5219	29	0.3043	31	0.3084	31
宁夏	-0.8007	9	0.2363	28	0.2404	28
新疆	-0.7591	13	0.2205	26	0.2251	26

从 VFI_1 的排名来看，位于前十名的省（自治区、直辖市）为浙江、西藏、福建、广东、云南、贵州、江苏、广西、宁夏和山东；位于后十名的为河南、河北、内蒙古、湖南、黑龙江、湖北、吉林、青海、重庆和辽宁。从 VFI_3 的排名来看[1]，位于前十名的省（自治区、直辖市）为上海、广东、浙江、北京、江苏、天津、福建、山东、广西和辽宁，上海的 VFI_3 最低，为 0.0114；位于后十名的为江西、陕西、内蒙古、西藏、新疆、黑龙江、宁夏、吉林、甘肃和青海，青海的 VFI_3 最高，为 0.3084。通过比较各地 VFI_1 和 VFI_3 的排名变动情况发现，下降幅度较大的省份为贵州、云南、西藏、陕西、甘肃和宁夏，这就表明，西部地区省份由于承担过多央地共担支出以及应由中央政府承担的支出而导致财政体制垂直失衡程度较其他地区更加严重（见图 4-4、图 4-5）。

4.4.2 地区层面的财政体制垂直失衡

2003 年，国家统计局将中国的经济区域划分为东部、中部和西部地区，其中，东部地区包括：北京、天津、河北、上海、江苏、浙江、福建、山东、广东、海南、辽宁、吉林和黑龙江；中部地区包括：山西、安徽、江西、河南、湖北和湖南；西部地区包括：内蒙古、广西、四川、贵州、云南、西藏、陕西、甘肃、青海、宁夏和新疆。2007 年又将黑龙江、吉林和辽宁三省划入东北地区。本书将按照 2007 年的标准对 1994—2015 年中国东部、中部、西部、东北地区的财政体制垂直失衡进行测度，测度结果如表 4-4 所示。

从表 4-4 可以发现，东部地区的财政体制垂直失衡程度最低[2]，VFI_3 的值为 0.0798，中部地区略高，为 0.1810，东北地区较高，为 0.2115，西部

---

[1] 因 VFI_2 与 VFI_3 的排名差异不大，这里只汇报 VFI_3 的结果。
[2] 从测度结果来看，VFI_1 为负值，VFI_2 和 VFI_3 均为正值。本书更加关注的是地方支出超出现有收入的部分，因此，在后文有关财政体制垂直失衡程度的分析中，均以 VFI_2 和 VFI_3 为主。

第 4 章 财政体制垂直失衡的测度与特征分析

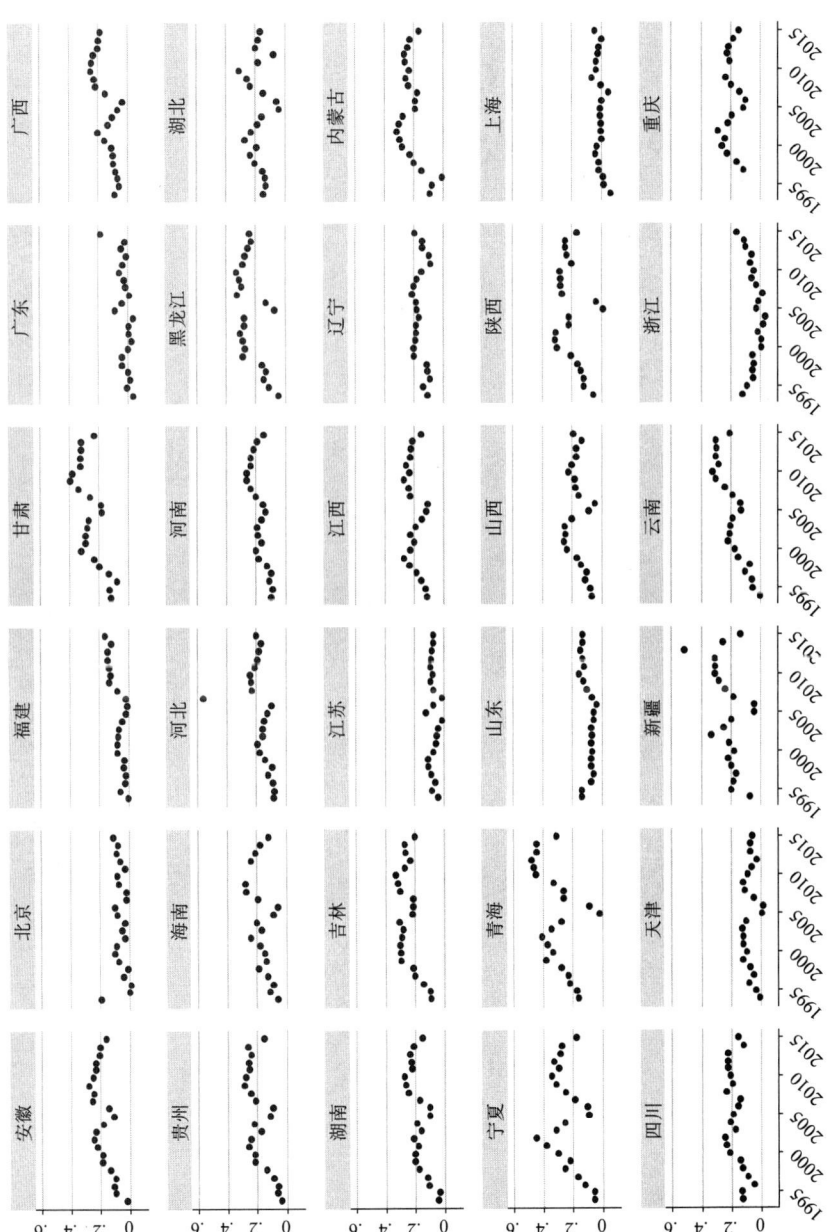

图 4-4 1994—2015 年中国各省（自治区、直辖市）财政体制垂直失衡程度（VFI_2）

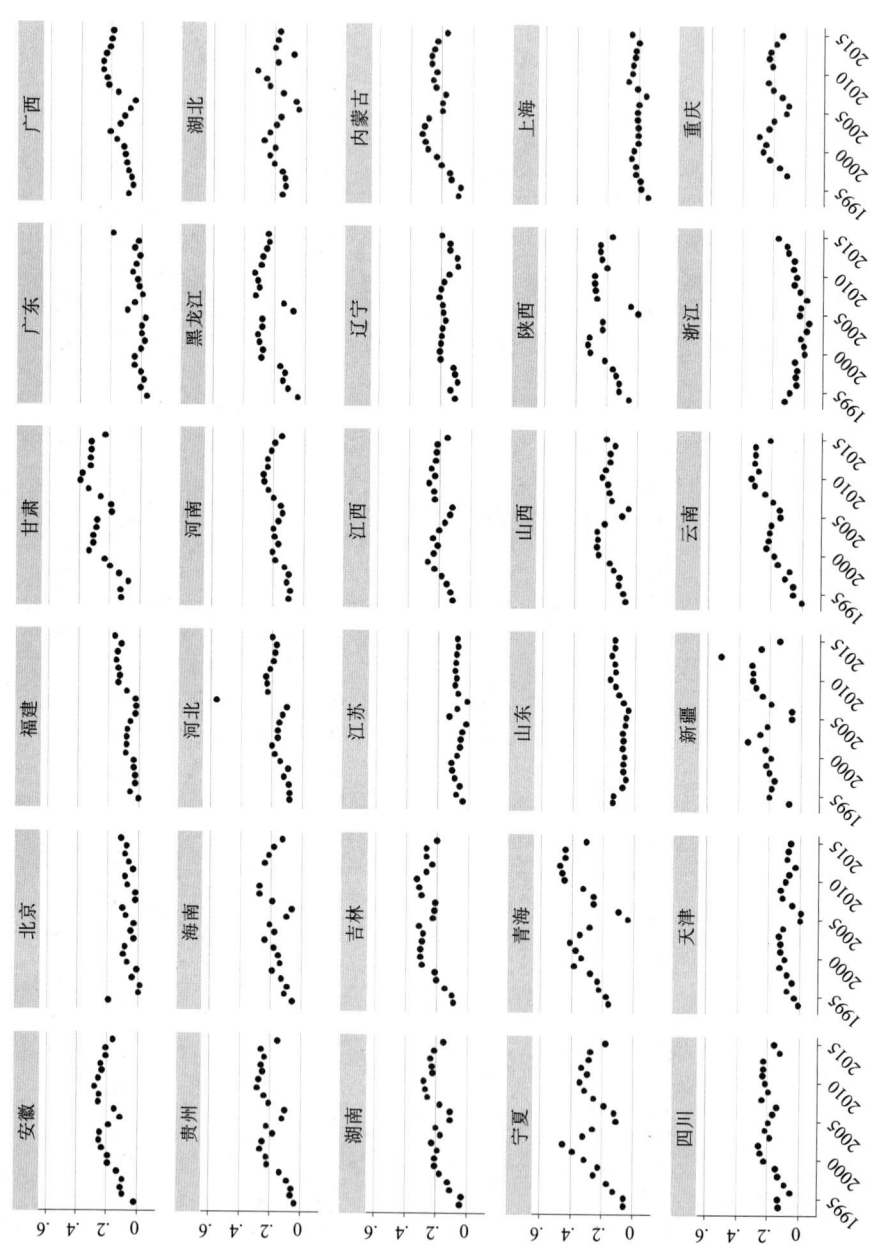

图 4-5 1994—2015 年中国各省（自治区、直辖市）财政体制垂直失衡程度（VFI_3）

表 4-4　　1994—2015 年中国各地区财政体制垂直失衡程度

地　区	VFI_1	VFI_2	VFI_3	VFI_3 排名
东北地区	-0.5596	0.2079	0.2115	3
东部地区	-0.8119	0.0770	0.0798	1
中部地区	-0.6758	0.1778	0.1810	2
西部地区	-0.7435	0.2112	0.2157	4

地区最高，为 0.2157，较东部地区高出 0.1359。与东部地区相比，东北及中西部地区财力较弱，事权层层下放的压力较大，致使地方自有收支比例失调，垂直失衡程度加深。刘成奎和柯飐（2015）的研究支持了这一结论，他们认为东部地区经济较发达，地方财政收入能够缩小自身收支差距，使 VFI 维持在较低水平。通过对比表 4-4 中的 VFI_1、VFI_2 和 VFI_3 发现，在地方政府可自由支配财力满足地方自有支出程度方面（VFI_1），东部地区最高，西部地区次之，中部地区较低，东北地区最低；而在考虑央地共担支出及不该由地方政府承担的支出之后发现，西部地区的财政体制垂直失衡程度增加。此外，从 VFI_2 到 VFI_3 的增加值来看，西部地区最高，表明西部地区地方政府承担了更多本不应由地方政府承担的支出（见图 4-6 至图 4-8）。

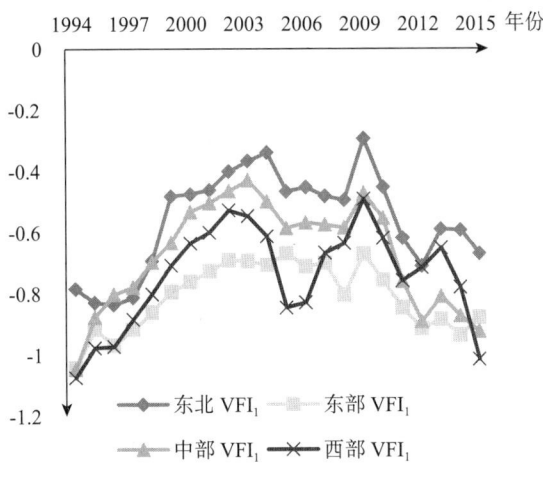

图 4-6　1994—2015 年各地区 VFI_1

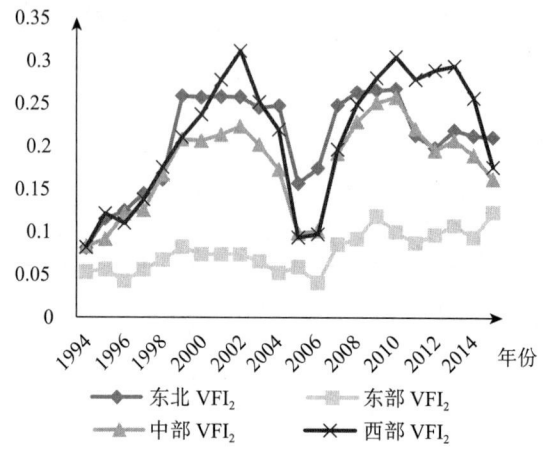

图 4–7　1994—2015 年各地区 VFI$_2$

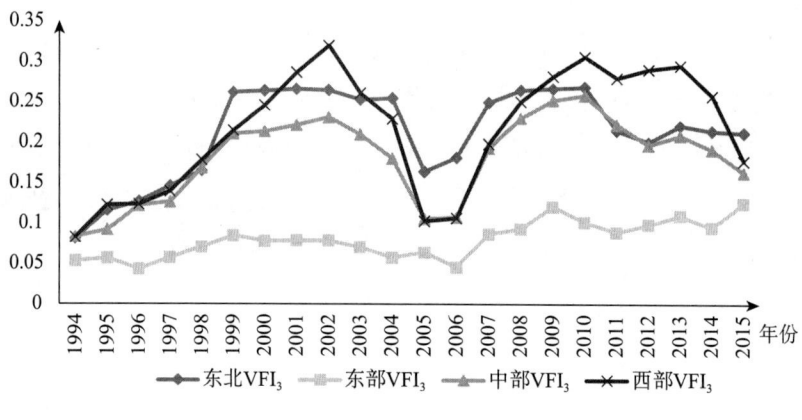

图 4–8　1994—2015 年各地区 VFI$_3$

4.5　本章小结

中国财政体制垂直失衡问题的研究应立足中国的财政分权体制实际，不能简单套用西方的概念和测度方法。本章认为，中国的财政体制垂直失衡应该界定为：在中国分税制改革和政治集权背景下，中央和地方政府事权、支出责任及执行责任的分离所导致的地方政府分担得较多的事权、支出责任、中央委托代办及央地共同办理的执行责任与较少的自有财力之间的不平衡格局。在此基础上，本章区分出地方本级支出中应由地方政府承担完全支出责任的支出、应由中央和地方政府共同承担的支出和地方政府不该承担的支出（即应由中央政府承担完全支出责任的支出），计算其与地方政府现有收入的差额，进一步得出中国的财政体制垂直失衡程度。研究发现，1994—2015年，VFI_1在-0.9921至-0.5634之间波动，均值为-0.7411；VFI_2的波动范围为0.0617—0.2084，均值为0.1367；VFI_3的波动范围为0.0623—0.2101，均值为0.1399。分地区来看，东北和西部地区的VFI_2和VFI_3水平较高。研究结论表明：中国的财政体制垂直失衡呈现整体上升趋势；央地共担支出及本不应由地方政府承担的支出的增加是导致财政体制垂直失衡的主要原因；东北和西部地区的财政体制垂直失衡程度较深。

本章的发现对于重新认识中国的财政分权体制，完善中国权责清晰、财力协调的财政体制改革具有重要意义。在支出责任没有清晰界定的基础上笼统地分析地方收支的不匹配难以触及财政体制失衡的根源，唯有对地方现有财力和政府间支出边界做出明确划分，才能真正刻画出中国的财政体制垂直失衡程度，发现分权体制改革中迫切需要解决的问题。研究还得出一条重要的政策启示，即在未来的财政体制改革中，应重点改善东北和西部地区的财政状况，合理划分政府间支出责任，属于中央事权和支出责任的项目，支出应由中央全部承担；属于中央和地方共担支出的项目，中央要按比例对这部分公共品的供给成本予以弥补，以此来减轻地方政府财政压力，降低财政体制垂直失衡水平。本章研究还存在一定的缺陷，主要体现在样本选择上。在中国的财政分权改革体制下，县市级政府是地方公共品最主要的提供者，对这一层级财政体制垂直失衡问题的研究才更能反映现实问题。然而，由于数据受限，本章仅选择了省级层面的数据进行分析。另外，本章统计的仅为表内数据，上级直接下拨到部门的财政资金并未列入政府收入，因此，这部分收入无法纳入公式进行测算。

第 5 章

财政体制垂直失衡的形成机制研究

5.1 引言

财政是国家治理的基础和重要支柱，财政体制作为这个基础和支柱的重要组成，不仅直接决定着政府与市场的关系，还决定了层级政府间权责关系，两者又进一步决定了国家治理绩效。正因如此，财政体制改革一直被各国所重视，尤其是在过去40多年时间中，分权改革成为一种世界潮流。然而，虽然分权是一种共同取向，但其改革实践在国家间存在很大差异。作为一个大国经济体，自1978年改革开放，中国也开启了财政体制的分权改革之路，并在1994年最终确定了分税制财政体制。尽管在1994年之后，中国也对财政体制作了一定调整，但整体框架和主要特征基本未变。从已有文献对中国财政体制的分权改革评价看，中国1994年确立的财政分权体制在激励地方政府主导本地经济发展方面发挥了重要作用，被认为是中国实现近20年高速发展的有效激励机制（张五常，2012；Yang Yao，2014）。然而，由于中国1994年的财政体制分权改革是在集权政治体制和行政性分权体制下展开的，再加上分权改革的目标是提高两个比重，所以改革的一个自然结果就是，财政收入集中度向上逐级提高，财政支出责任向下逐级提高。不仅如此，由于特殊的条块共治体制，无论是财政收入，还是财政支出责任，其垂直分配不仅发生在层级政府之间，而且发生在职能部门垂直层级之间。两方面原因结合在一起，使得中国1994年确立的财政分权体制呈现出一个明显特征，即垂直财政失衡。

为解决VFI，需要揭示VFI动态变化的形成机制。但已有文献对这方面的研究仍非常有限。Boadway和Tremblay（2006）等研究表明，VFI其实也有内生部分，即VFI影响地方政府行为，后者会反过来加深或缩小VFI。如果说，一定水平的VFI是必要的，因为辖区间溢出效应和财政均等化

（Oates，1999）、纠正公平和效率扭曲（Boadway，2004）以及保护地方抵御外部冲击（Lockwood，1999）都需要中央政府拥有更大能力和实现途径，但对地方政府行为导致的 VFI 加深是需要加以矫正的。这就意味着，作为财政体制改革的重要内容，优化支出权和收入权配置需要揭示地方政府行为对 VFI 的影响机制，否则体制改革形成的初始 VFI 和因地方政府行为影响形成的实际 VFI 就可能出现较大偏差，从而改变分权改革的预期绩效。基于上述分析，本书对中国政府间财政关系中存在的 VFI 形成机制进行分析，重点揭示地方政府行为对 VFI 的影响机制。

5.2　机制分析与研究假说

VFI 的初始形成应该是一国选择的财政分权体制，因为财政分权体制需要对政府间财政收入分配关系和支出责任划分做出明确的制度安排。无论根据对 VFI 的传统理解，还是根据后来文献对 VFI 传统定义的修正，只要体制明确了各级政府的自有收入和自有支出，VFI 也就自然存在。当然，这种情况是将一国财政分权体制视为外生，所以体制一旦确定，VFI 也就确定了。但大量研究表明，财政分权体制并非外生，而是政府间博弈的结果。这种情况即使在授权体制下也是存在的，一个常被引用的例子就是中国 1994 年确定的分税制财政体制。根据刘克崮和贾康（2008）等研究，1994 年的分税制财政体制很大程度上是中央政府与地方政府博弈的结果，虽然更多体现中央政府意志，但地方政府的诉求也对体制确定的最终形态产生了影响。在这之后，中国政府间财政关系的多次调整也并不完全是中央政府单方面意志所决定。中国财政体制变迁的历程证实，中央政府和地方政府间的博弈结果决定了 VFI 的初始水平。只是由于中国是一个政治集权体制国家，在历次博弈中，中央政府的意志会得到更大程度的实现，所以从这个角度看，中国在分税制以后发生的历次政府间收入分配关系调整主要是中央政府意志使然。而在支出责任划分不变的情况下，中央政府每次确定政府间财政收入分配关系时选择的收入集中程度直接决定了 VFI 变化。

然而，中央政府和地方政府的博弈在确定 VFI 的初始状态时是一次性的，但在财政体制确定后形成的 VFI，即使后面没有中央政府与地方政府博弈推动的体制再调整，也会因中央政府和地方政府互动行为而发生改变。中国的财政体制在 1994 年确定后，大的框架实际上并没有发生变化，所以，如果认为 VFI 只是财政体制选择的结果，那么在时间趋势上就不应该出现如此明显的波动。同时，如果认为 VFI 是财政体制选择的结果，由于财政体制所确定的财政收支垂直划分原则适用于所有地区，即使考虑各地区初始状态差异，如果不是因为不同地区与中央差异化的互动行为，也不可能出现如此明显的 VFI 地区差异。所以对 VFI 的变化需要从中央政府和地方政府的互动行为中寻找解释，探究其变化的形成机制。实际上，正如前文所述，引起 VFI 变化的无外乎政府行为，因为无论是自有收入还是自主决定的支出，很大程度上是政府行为选择的结果。尽管这可能源于自然因素，比如税源结构的地区差异和时间变化，毕竟自有收入和自主决定支出都是使用统计数据加以测度，但这些自然因素造成的统计数据变化相对比较稳定，除非经济经常遭受不确定的外生冲击，且地区间遭受的外生冲击差异显著，而这一情况在中国似乎并不常见。所以，探究政府在既定体制下的行为选择成为揭示 VFI 形成机制一种有效途径。根据中国 1994 年确定的分税制财政体制，地方政府对 VFI 的影响主要有两种行为选择机制，即软预算约束机制和竞争机制。

在中国，软预算约束机制主要通过两个途径对 VFI 产生影响，一是政治稳定需要形成的风险"大锅饭"，二是行政分权体制下"守土有责"的无限责任治理模式。就第一个途径而言，中央政府出于政治稳定需要，对地方出现的各种政治稳定风险，都会出面加以干预。中央政府的政治稳定需要激发了地方政府不谨慎财政行为，地方政府会为其他目的改变财政收支行为，后者会相应地影响到自有收入和自主支出。由于中央政府会出面救助，所以地方政府的财政收支行为不会太在意后果，一方面无约束地扩大支出，另一方面通过其他收入途径为自我目的支出获得融资支持。例如，李永友（2007）、方红生和张军（2009）等研究发现，中国的地方政府普遍存在扩张偏向。Jing（2013）通过对中国预算外资金的分析发现，中国地方政府的预算外资金并不是源于财政短缺，而是源于使用上的便利需要。

地方政府的支出扩张偏向无疑会因扩大了地方政府在统计意义上的自主支出，而影响 VFI 计算公式中的分母，从而在自有收入不变的情况下导致 VFI 扩大。而在中国现行的预算管理和收入划分方法下，地方政府扩大融资途径会增加自有收入，从而提高了自主支出由自有收入支持的程度，后者会降低 VFI。综合软预算约束下地方政府的两方面行为，实际上对 VFI 的影响是不确定的。但根据中国中央政府一贯策略，只要地方政府不受预算管理约束的融资规模达到可容忍程度，中央政府一般都会选择干预，主要途径就是纳入预算管理和参与分配。所以从这一管理实践看，地方政府尽管会因融资扩张而扩大其自有收入规模，但在支出扩张不受约束的情况下，融资扩张总是赶不上支出扩张，所以在不考虑其他因素的情况下，软预算约束导致的地方政府行为总体上会加深 VFI。

这种情况如果结合第二个途径将会更加明确。中国虽然是一个大一统国家，但在治理策略上选择的一直是地方治理，即地方政府承担辖区内一切管理责任，并对上负责。这一治理策略需要中央政府赋予地方政府近乎完全的支出自主权，否则地方政府无法根据所辖区域情况变化随时做出反应。对"守土有责"这一治理策略来说，要想真正得到落实，下放支出权要比下放收入权更为重要，因为后者可以通过中央政府的转移支付支持地方政府履责所需的融资需要。支出权下放意味着地方政府支出行为就不会受到支出边界的限制，这为原本就具有扩张冲动的地方政府提供了体制上的便利。如果将中国地方政府支出自主权和分权自治国家地方政府支出自主权相比，中国可以说是世界上少有的高度分权国家。很少受到约束的支出自主权至少在统计意义上扩大了 VFI 的分母，在不考虑其他因素的情况下，会加深 VFI。不过结合中国乃至大部分发达国家经验,在赋予地方政府较高支出自主权的同时,为激励地方政府能够贯彻自己的管理意志,中央政府往往在融资权方面会选择一定程度限制,并通过扩大转移支付规模为地方政府财政缺口提供融资支持。中央政府的行为选择一方面进一步强化了预算软约束机制,另一方面降低了地方政府自有收入,后者又会进一步加深VFI。如果将"守土有责"治理策略下地方无限自主支出权和中央选择的非约束性转移支付结合在一起,两者还会因相互强化机制进一步加深VFI。例如,Slack(1980)、Sanguinetti和Tommasi(2004)、毛捷等(2015)等研究就发现,中央政府对地方政府的转移支付会激励地方政府的支出扩张。同时也有研究发现,上述交互效应还会通过影响地方政府课税行为加深VFI,如乔宝云等(2006)、胡祖铨等(2013)、Miyazaki(2016)等研究发现,中央政府通过转移支付方式填补地方政府支出责任与自有收入之间财政缺口的方法降低了地方政府征税努力。由于地方政府自有收入主要来自税收分成,所以地方政府征税努力的下降直接导致了地方政府自有收入的下降,从而加深VFI。

据此提出第一个假说:在中国,各种制度为地方政府塑造的软约束环境加深了财政分权体制的垂直不平衡。

实际上,即使不考虑地方政府面临的软约束环境,仅就地方政府面临的竞争考核压力,也会影响原本存在的垂直财政不平衡程度。根据周黎安(2007)等研究,中国地方政府间存在激烈的竞争,这种竞争在县级水平更为激烈(张五常,2009)。而李涛和周业安(2009)、王美今等(2010)、龙小宁等(2014)、谢贞发和范子英(2015)等研究又进一步发现,中国地方政府间存在显著的财政竞争,其竞争工具既表现在支出方面,也表现在税收方面。为了竞争,地方政府会选择增加支出和降低税收,但无论是增加支出还是降低税收,即使财政体制没有变化,即使预算约束是硬的,也会加深本已存在的VFI。当然,与软约束对VFI的影响不同,地方政府间竞争并不一定总会加深VFI,因为地方政府选择任何一个财政竞争工具都会同时影响其自有收入和自主支出。例如,当地方政府为了提高辖区竞争力而增加公共品提供时，虽然会增加其自主支出，但在其他条件不变时也会增加自有收入，因为无论是增加资本性公共品还是增加社会性公共品，都会扩大税基，从而在既定的收入分成机制下增加地方政府自有收入。即使地方政府不是选择支出竞争工具，而是选择税收竞争工具，也会在两个方向影响自有收入，降低征收努力或直接降低税率、减免税额会造成自有收入下降，但这些措施也会相应扩大税基。所以综合看，竞争考核压力的确会影响 VFI，但影响方向并不非常明确，除非地方政府使用财政竞争工具没有实现扩大税基的效果，或者效果不是很显著，从而会加深 VFI。从已有文献的研究发现看，由于中国地方政府间竞争比较粗放，尤其在有限任期制下，粗放式竞争特征更加明显，对短期有形产出的追求是中国地方政府参与竞争的主要目的，所以偏爱支出工具是所有地方政府最普遍现象。

基于中国地方政府间竞争现实提出第二个假说：在偏好支出工具的竞争策略下，中国地方政府间竞争会进一步加深财政分权体制的垂直不平衡。

5.3　实证策略

基于上述机制分析，导致财政垂直不平衡的原因有很多，除了最主要的分税制财政体制本身，晋升竞争、软约束成为加深或弱化财政垂直不平衡的两个重要机制。然而，上述分析仅是一种逻辑演绎，这部分将对上述机制进行实证检验。为此，首先构建晋升竞争和软约束两个变量的测度方法，其中，地方政府晋升竞争机制借鉴钱先航等（2011）、贾俊雪等（2017）的思想，采用地方 GDP 增长率、失业率与财政盈余等构成的综合指标进行反映，而软预算约束机制用地方政府土地出让金占地方 GDP 的比值作为替代变量，一般认为，该指标越大说明地方政府面临的约束越软，这一指标在土地出让收入大部分留归地方政府以及土地出让成为地方政府备受重视的融资途径时期,更能刻画地方政府面临的约束软化程度。在此基础上,建立基准模型(5.1),其中,晋升竞争和软约束两个变量选择滞后一期,因为对地方政府而言,行为选择一定程度上依赖于对过去经验的观察。当然,过去的环境在当期不一定依然存在,所以,为谨慎起见,在后续实证中,我们也会选择两个变量的当期值。模型(5.1)右手加入VFI一阶滞后项,以控制体制本身的影响。

$$VFI_{it} = \beta_0 + \beta_1 VFI_{it-1} + \beta_2 Rise_{it-1} + \beta_3 Soft_{it-1} + \lambda_i + \mu_t + \xi_{it} \qquad (5.1)$$

当然,除了上述两种机制,所有影响地方自有收入和自主支出的因素都会影响VFI。所以借鉴已有文献,选择人均地方GDP增长率、进出口贸易总额、外资流入规模、固定资产投资等作为控制变量,将模型(5.1)扩展为模型(5.2),其中,i代表地区,t代表年份。两个模型的右手$Soft_{it-1}$代表滞后一期软预算约束变量,$Rise_{it-1}$代表滞后一期的晋升竞争变量,x_{ijt}为相关控制变量,λ_i为地区固定效应,μ_t为时间固定效应,ξ_{it}为扰动变量。由于在中国,积极财政政策一直是政府宏观调控的主要政策工具。在积极财政政策实施期间,地方政府扩张支出的冲动更强,中央政府对地方政府的财政不谨慎行为的监管也相对松软,从而使上述两个机制的作用表现得更为突出。考虑这一情况,在模型(5.2)中,引入交互项$Soft_{it-1} \times Z$和$Rise_{it-1} \times Z$,其中Z刻画积极财政政策实施的虚拟变量,在积极财政政策实施期间,$Z=1$,否则,$Z=0$。其中,积极财政政策实施时间以中国每年召开的中央经济工作会议公报为依据,在公报中明确提到实施积极财政政策,这一年就确定为积极财政政策实施年。

$$VFI_{it} = \beta_0 + \beta_1 VFI_{it-1} + \beta_2 Rise_{it-1} + \beta_3 Soft_{it-1} + \beta_4 Rise_{it-1} \times Z_t + \beta_5 Soft_{it-1} \times Z_t + \sum_j \gamma_j X_{ijt} + \lambda_i + \mu_t + \xi_{it} \qquad (5.2)$$

接下来,对关键变量进行赋值,其中,VFI赋值在前文中已做分析。由于本书研究的一个重要内容是揭示VFI对地方政府预算法框架外的举债融资行为是否有影响,所以对$Debt_{it}$,我们就不能使用赤字率替代,也不能用中央政府代为地方政府举借的债务或受到中央政府许可和监管的举债代替,只能使用地方政府较为隐蔽的平台举债刻画，因为这部分举债才能真正体现地方政府的自主决策（李永友、马孝红，2018）。根据数据可得性，采用城投债刻画地方政府举债融资行为。城投债主要是地方政府通过融资平台举借的债务，主要用于地方性基础设施建设或公益性项目。以这种举债融资方式为地方大型基础设施和建设项目提供融资支持已成为各地主要举债形式，相对于由财政部代理发行或监管发行的债券，这种形式具有手续简单、监管宽松、贷款易得等优势。该变量具体赋值为城投债/地方政府一般预算支出，其中城投债数据来源于 Wind 数据库按省和按市统计的城投债当年发行规模。

对于晋升竞争机制（$Rise_{it-1}$），根据已有文献研究，结合中央对地方政府官员的考核内容，借鉴钱先航等（2011）、贾俊雪等（2017）等思路，利用地方 GDP 增长率、失业率与财政盈余等指标综合反映地方政府晋升竞争程度。该变量的具体赋值方法为：对所有地区各指标加权平均水平与该地区对应指标分别进行比较，当 GDP 增长率和财政盈余小于当年加权均值时，赋值为 1，否则为 0；当失业率大于当年均值时，取值为 1，否则为 0；然后再将得分相加得到地方政府晋升竞争指数。该数值越大，晋升竞争的压力越大。对晋升竞争的刻画也参照贾俊雪等（2016）方法选择辖区两个主要领导人任职信息予以刻画。对于软预算约束（$Soft_{it-1}$），本书采用土地出让金占地方 GDP 比值作为软预算约束代理指标。因为对地方政府而言，在中国现行制度框架下，可以突破预算约束的手段其实有很多。早期主要是预算外收入，后来随着预算外收入的不断规范，制度外收入变得很普遍，再后来因不允许设立"小金库"，所以这方面的收入途径越来越窄。随着 2003 年土地市场的发展，依靠建用地国家所有的制度安排，通过转让国有建设用地筹集收入，成为一种最重要途径。所以选择土地出让金衡量软约束程度有其合理性。当然，从已有研究中，我们也看到了其他度量方法。例如，方红生和张军（2009）用预算外财政资金占 GDP 比值，他们认为预算外收入和制度外收入反映了地方政府"攫取之手"的行为。但自 2011 年开始，预算外资金也纳入预算管理，导致统计口径发生变化，无法获取预算外资金数据。陈志勇和陈思霞（2014）借鉴 Blanchard（1990）提出的财政扩张指数，通过构建中国财政预算约束指数，测度各省软预算约束程度。但该指数主要强调以约束次数多少来体现预算约束程度，这一点并不符合直觉，因为软预算约束是一种制度环境造成的，所以一定程度上具有相对稳定性，而且在同样的制度环境下，所有地区应该都有软预算约束的可能，只是各地实现这一可能的约束不同，所以用次数衡量并不能反映上述事实。

此外，借鉴政府收支影响因素研究文献，选择实际利用的外资总额占全社会固定资产投资总额的比重测度外商直接投资（FDI_{it}），以此反映外资流入对地方政府税收能力的影响。选择各省份进出口总额占各省生产总值比重测度进出口贸易总额（$Trade_{it}$），以此反映本地区对外开放程度，因为对外开放程度会对地方政府行为可能产生一定约束，同时也会影响本地税源。选择 15 岁以下和 65 岁以上人口占本地所有人口的比重测度人口年龄结构（POP_{it}），因为不同的年龄结构，既影响政府支出，又影响一个地区的经济增长，进而影响税基规模。选择人均 GDP 增长率反映在晋升锦标赛的激励机制下，地方政府发展经济的迫切性。除此之外，无论是财政体制垂直不平衡，还是地方举债融资，都与地方政府经济社会治理有关，而后者在政府主导型模式为主的中国，很大程度上会受到地区领导的影响。所以为控制住这一影响，在控制变量中，我们还加入了反映省委书记特征的虚拟变量，如果省委书记为中央部门调任，则虚拟变量取值为 1，否则为 0。如果省委书记是下半年到岗的，那么该年省委书记特征变量取值就按照上半年的省委书记特征计值。

本书选择的是省级面板数据，时间区间为 2006—2015 年，因为在 Wind 数据库中，2006 年之前的地区债务数据很少。样本中剔除了西藏。除了计算 VFI 数据来源于前文所述各种资料，软约束、晋升竞争、政府竞争程度、人均地方 GDP 增长率、进出口贸易总额、利益分配、固定资产投资、人口密度等来自《中国财政年鉴》《中国统计年鉴》。为消除通货膨胀影响，所有指标均剔除了价格因素。省委书记特征变量和参照贾俊雪等（2016）构建的晋升竞争变量赋值所需数据为作者整理互联网的介绍所得。表5-1报告了上述变量的简单统计描述。

表5-1　　　　　　　　　　变量描述性统计

变量名称	均值	标准差	最小值	最大值
VFI_{it}	0.1858	0.1013	-0.0477	0.5645
$Soft_{it}$	0.0289	0.0248	0.0002	0.1189
$Rise_{it}$	1.5167	0.9931	0	3
$Trade_{it}$	0.3382	0.4151	0.0359	2.0461
FDI_{it}	0.1689	0.4459	-0.7133	6.9747
POP_{it}	0.2622	0.0359	0.1615	0.3552
$Prov_{it}$	0.5200	0.5004	0	1
GDP_{it}	0.1453	0.0673	-0.0068	0.3227
t	0.5	0.5008	0	1
z	0.8	0.4007	0	1

5.4　实证结果分析

这一部分将对上述两个假设进行检验。由于模型中存在因变量滞后项，因此，我们将采用系统GMM对动态面板进行估计。表5-2报告了回归结果，模型（Ⅰ）和（Ⅱ）采用OLS回归，模型（Ⅲ）—（Ⅵ）采用系统GMM方法估计。

由表5-2可以看出，晋升竞争对财政体制垂直失衡的影响并不明确，而软预算约束这一指标却在大部分检验中保持了较强的正向影响，这也验证了我们之前的假设。正如前文所述，财政竞争会对地方政府的收入和支出产生双向影响，在增加公共品供给的同时，会在一定程度上增加支出，同时也会扩大税基，因此，竞争压力对财政体制垂直失衡的影响并不确定。相反，软预算约束却表现出了较强的正向影响。这是因为中央政府的政治稳定需求会让地方政府意识到有人为自己的收支买单，因此，一方面会无约束地扩大支出，另一方面又通过其他收入途径为自我目的支出获得融资支持。但这种融资规模是有限的，当其达到一定程度时，中央政府会出面干预，将其纳入预算管理和分配。因此，融资扩张不足以支持支出的扩张，使得财政体制垂直失衡程度加深。从交互项估计系数来看，积极财政政策实施期间，晋升竞争对财政体制垂直失衡的影响依旧不明确，但其对软预算约束的影响在一定程度上表现出了负向的影响。积极财政政策的实施往往伴随着中央政府增加的投资和转移支付，这在一定程度上缓解了软预算约束对财政体制垂直失衡的影响，但"守土有责"框架下，地方政府还是要为不景气的经济提供财政支持，为完成中央下达的任务，在收入低速增长的同时，支出大幅上升，导致财政体制垂直失衡进一步加深。从对外开放的影响来看，对外开放程度的提高会降低财政体制垂直失衡，这是因为进出口贸易比重越高，越会增加当地的税源，从而提高地方政府收入，缓解财政体制垂直失衡。一个有趣的发现是，GDP增速越快的地区，财政体制垂直失衡程度越深。这是因为，经济发展水平越低的地区，增速相对越高。这些地区，地方政府的财政支出压力较大，因此，财政体制垂直失衡程度较深。

表 5-2　　　　　　　　财政体制垂直失衡的形成机制估计结果

变量	模型（Ⅰ）	模型（Ⅱ）	模型（Ⅲ）	模型（Ⅳ）	模型（Ⅴ）	模型（Ⅵ）
VFI_{it-1}			0.524 *** (8.01)	0.574 *** (8.32)	0.250 *** (3.62)	0.272 *** (3.67)
$Rise_{it-1}$	-0.0020 (-0.54)	-0.0161 ** (-2.35)	-0.0005 (-0.13)	0.0301 ** (2.05)	-0.0021 (-0.60)	0.0169 (1.34)
$Rise_{it-1} \times Z$		0.0153 ** (2.36)		-0.0311 ** (-2.06)		-0.0197 (-1.53)
$Soft_{it-1}$	-0.0439 (-0.33)	0.628 * (1.91)	0.235 * (1.80)	1.081 ** (2.07)	0.146 * (1.16)	1.172 *** (2.66)

续表

变量	模型（Ⅰ）	模型（Ⅱ）	模型（Ⅲ）	模型（Ⅳ）	模型（Ⅴ）	模型（Ⅵ）
$Soft_{it-1} \times Z$		-0.768** (-2.25)		-0.791 (-1.45)		-1.096** (-2.36)
$Trade_{it}$	-0.1525*** (-8.33)	-0.158*** (-8.41)			-0.124*** (-3.97)	-0.114*** (-3.77)
FDI_{it}	-0.0079 (-1.11)	-0.0115 (-1.59)			-0.0103 (-1.37)	-0.0131* (-1.67)
POP_{it}	-0.104 (-0.84)	-0.133 (-1.08)			0.136 (0.94)	0.0489 (0.36)
$Prov_{it}$	-0.0041 (-0.47)	-0.0041 (-0.47)			-0.0175 (-1.45)	-0.0192 (-1.56)
t	0.0313*** (4.01)	0.0316*** (3.79)			-0.0104 (-0.76)	-0.0119 (-0.84)
GDP_{it}	0.140*** (2.68)	0.150*** (2.76)			0.225*** (2.96)	0.325*** (4.45)
常数项	0.2450*** (6.28)	0.2550*** (6.51)	0.0688*** (4.53)	0.0766*** (4.90)	0.126*** (2.68)	0.129** (2.74)
地区固定效应	YES	YES			YES	YES
时间固定效应	YES	YES			YES	YES
样本数	267	267	265	265	265	265
R^2	0.5533	0.5513				
AR（1）/ AR（2）			0.006/0.866	0.005/0.949	0.004/0.908	0.004/0.844

注：***、**和*分别表示在1%、5%和10%的显著性水平上通过显著性检验。

5.5 进一步讨论

由上文对 VFI 的测度可知，不同地区间的财政体制垂直失衡状况存在明显差异，东部地区的财政垂直失衡程度低于西部地区。由于不同地区的地理区位及经济发展水平存在很大差异，财政组织收入能力方面、地方政府财政行为方面等表现出明显不同。为了捕捉地区异质性影响，接下来，将按照国家统计局的地区划分标准对东中西部地区的财政体制垂直失衡形成机制作进一步的分析①。我们分别采用 OLS 回归和系统 GMM 方法估计不考虑体制影响和考虑体制影响的情况下，软预算约束和晋升竞争对不同地区财政体制垂直失衡的影响。其中模型 Ⅰ 为 OLS 回归结果，模型 Ⅱ 为系统 GMM 估计结果。

由表 5-3 可知，西部地区财政体制垂直失衡受体制的影响程度较大，在考虑体制因素影响的情况下，晋升竞争对东部地区的财政体制垂直失衡有着较强的正向激励，即东部地区的晋升竞争更容易引起地方政府扩大支出，从而导致财政体制垂直失衡程度的加深。从软预算约束的影响来看，对东部地区的财政体制垂直失衡的影响显著为正，而对中西部地区的影响并不明确。从交互项的系数来看，积极财政政策的实施在一定程度上抑制了软预算约束及晋升竞争对财政体制垂直失衡的影响，但仍未削弱这二者本身对地方政府增支的正向影响。从控制变量来看，代表四万亿元投资计划冲击下监管宽松的虚拟变量 t 对东中西部地区的财政体制垂直失衡的影响均为正向，这意味着地方政府在这一期间的财政压力大幅上升。此外，观察地区领导的影响可知，中央调任的省委书记在西部地区财政体制垂直失衡的缓解方面发挥了一定的积极作用。

表 5-3 晋升竞争、预算软约束对财政体制垂直失衡影响的分地区效应

变量	东部地区		中部地区		西部地区	
	模型（Ⅰ）	模型（Ⅱ）	模型（Ⅰ）	模型（Ⅱ）	模型（Ⅰ）	模型（Ⅱ）
VFI_{it-1}		0.0422 (0.49)		-0.0794 (-0.62)		0.195* (1.86)

---

① 上文的 VFI 分析分为四个地区，这里为节省篇幅，按照东中西三个地区进行分析。

续表

变量	东部地区 模型（Ⅰ）	东部地区 模型（Ⅱ）	中部地区 模型（Ⅰ）	中部地区 模型（Ⅱ）	西部地区 模型（Ⅰ）	西部地区 模型（Ⅱ）
$Rise_{it-1}$	0.0281 (1.43)	0.0599*** (3.30)	0.0105 (1.00)	0.0050 (0.49)	-0.0269** (-2.19)	0.0111 (0.62)
$Rise_{it-1} \times Z$	-0.0233 (-1.16)	-0.0615*** (-3.35)	-0.0090 (-0.84)	-0.0071 (-0.72)	0.0167 (1.44)	-0.0180 (-0.99)
$Soft_{it-1}$	0.607 (1.02)	1.162** (2.42)	-1.358** (-2.41)	-0.714 (-1.48)	-1.048 (-0.97)	0.417 (0.43)
$Soft_{it-1} \times Z$	-0.699 (-1.09)	-1.198** (-2.27)	1.239** (2.14)	0.831 (1.61)	0.690 (0.64)	-0.367 (-0.38)
$Trade_{it}$	-0.126*** (-8.86)	-0.192*** (-6.09)	0.356*** (2.84)	0.450** (2.27)	-0.101 (-1.22)	-0.167 (-0.91)
FDI_{it}	-0.0035 (-0.36)	-0.0153** (-1.97)	-0.0391 (-1.32)	-0.0211 (-0.90)	-0.0204 (-0.74)	-0.0303 (-1.35)
POP_{it}	0.0387 (0.15)	0.280 (1.23)	-0.455** (-2.54)	-0.200 (-0.99)	-0.563** (-2.00)	-0.244 (-0.80)
$Prov_{it}$	-0.0155 (-1.14)	-0.0230 (-1.53)	0.0138 (1.32)	-0.0008 (-0.07)	-0.0554*** (-4.42)	-0.0441** (-2.18)
t	0.0078 (0.46)	0.0512*** (2.92)	0.0385*** (3.08)	0.00697 (0.41)	0.0826*** (4.07)	0.117*** (3.40)
GDP_{it}	-0.0245 (-0.18)	-0.344** (-2.02)	0.0786 (0.98)	0.0522 (0.37)	-0.0101 (-0.09)	-0.1000 (-0.59)
常数项	0.184** (2.21)	0.179** (2.38)	0.273*** (5.41)	0.213*** (3.40)	0.443*** (5.48)	0.269*** (2.80)
地区固定效应	YES	YES	YES	YES	YES	YES
时间固定效应	YES	YES	YES	YES	YES	YES
样本数	97	97	72	72	98	98
R^2	0.520		0.441		0.448	
AR（1）/ AR（2）		0.028/0.223		0.030/0.301		0.100/0.73

注：***、**和*分别表示在1%、5%和10%的显著性水平上通过显著性检验。

5.6　本章小结

本章针对中国财政体制垂直失衡这一现实，研究了财政垂直失衡的形成机制。研究采用 2006—2015 年省级面板数据，运用系统 GMM 回归分析。为捕捉地区异质性和层级政府异质性影响，我们将样本区分为东、中、西部地区，并分别进行分析。研究发现，在控制相关影响因素后，财政体制垂直失衡主要是由体制本身所造成的，但除此之外，预算约束软化机制也是一个重要影响机制，预算约束软化程度上升显著加深了财政体制垂直失衡程度。相比较，原本认为会对财政垂直失衡有影响的晋升竞争机制，却并没有对财政垂直失衡产生显著影响。

考虑地区异质性因素，西部地区财政体制垂直失衡受体制的影响程度较大，在考虑体制因素影响的情况下，晋升竞争对东部地区的财政体制垂直失衡有着较强的正向激励，即东部地区的晋升竞争更容易引起地方政府扩大支出，从而导致财政体制垂直失衡程度的加深。从软预算约束的影响来看，对东部地区的财政体制垂直失衡的影响显著为正，而对中西部地区的影响并不明确。积极财政政策的实施在一定程度上抑制了软预算约束及晋升竞争对财政体制垂直失衡的影响，但仍未削弱这二者本身对地方政府收支的正向影响。

第 6 章

财政体制垂直失衡对地方政府举债融资的影响

6.1　引言

由于中国1994年的财政体制分权改革是在集权政治体制和行政性分权体制下展开的，再加上分权改革的目标是提高两个比重，所以改革的一个自然结果就是，财政收入集中度向上逐级提高，财政支出责任向下逐级提高。不仅如此，由于特殊的条块共治体制，无论是财政收入，还是财政支出责任，其垂直分配不仅发生在层级政府之间，而且发生在职能部门垂直层级之间。两方面原因结合在一起，使得中国1994年确立的财政分权体制呈现出一个明显特征，即财政垂直失衡[①]。地方政府及其职能部门接受了太多事责，但分配到相对较低财力。为了弥补下级政府的事责所需财力缺口，上级政府，主要是中央政府不得不借助于大规模转移支付，同时为下级政府的一些融资行为留出一定空间。在这种体制下，地方政府既需要积极发展经济，通过扩大税基提高地方财政能力，又要调动各方面因素扩大融资途径。两种效应的结合带来了一个必然结果，就是地方政府各种债务不断积聚。为弥补表内预算缺口、拓展表外财力空间，各级地方政府纷纷组建融资平台公司，绕过旧《预算法》约束举借表外债务。与西方国家不同，我国融资平台公司的负责人主要从党政机关后备干部中选调，而非从职业经理人的"市场池"中聘任，这使融资平台举债更加具备制度内生的行政动员能力。为鼓励地方政府"搞建设、谋发展"，中国进一步将地方官员晋升考评机制植入分权治理框架，以融资规模和经济业绩量化考评地方官员。晋升考评制度激励地方官员努力拓宽融资渠道，依托平台公司申请银行贷款或发行城投债，诱发各地城投债发行规模的竞争飙涨局面（郭玉清等，2021）。陈念东和曹海涛

[①] 也有学者称之为财政纵向失衡，与财政垂直失衡意义相同，本书采用财政垂直失衡的说法，后文不再赘述。

(2021)认为，分税制改革使地方政府财政收支严重失衡，在缺乏稳健收入机制的情况下，地方政府依赖财政转移支付、预算外资金和土地财政应对必要支出和建设投资，暂时压抑了地方举债行动。预算外资金改革和全球金融危机后的"四万亿"财政刺激计划，使中央放松管制，地方政府债务问题开始凸显。近年的财政改革集中于债务风险防范和支出责任调整，地方收入机制仍呈现不可持续的特征，地方债务问题持续存在。

为了规范地方政府举债行为，中央政府采取了一系列措施，包括普查债务、放松地方政府自主举债限制等。但由于缺乏对垂直财政失衡的深入研究，一系列措施并没有真正解决地方政府不规范融资行为。例如地方政府通过购买服务、公私合营等方式实现融资。综合财政垂直失衡对政府行为的影响研究来看，主要集中在以下三个方面：第一，对地方政府征税努力的影响。Guo（2008）基于县级面板数据研究了支出责任分权和收入再集权背景下中国地方政府财政行为，研究发现，VFI 导致了地方政府以雇员数量扩张为标志的财政不谨慎行为，这种影响被中央政府的政治策略考虑所强化，不过 VFI 并没有对地方政府的税收努力产生显著影响。Jia 等（2017）基于地级市面板数据同样研究了 VFI 对地方财政行为的影响，和 Gang Guo（2008）不同的是，这篇文献用地方财政努力刻画地方政府财政行为，不仅如此，实证结果也与后者不一致，即较高的 VFI 降低了地方政府税收努力。第二，对地方政府财政行为、政府绩效的影响。Madden（1993）和 Grewal（1995）分别从不同视角对澳大利亚 VFI 的研究发现，在澳大利亚，VFI 不仅没有确保联邦政府声称的宏观经济控制，而且导致州政府增加无效率税收的使用。较高的 VFI 不仅直接导致政府责任损失，而且导致地方政府对纳税人的回应性下降与制度的巨大浪费。Bordignon 等（2013）基于意大利的经验分析发现，不同 VFI 的地区，选民偏好存在显著差异，处于较高 VFI 地区的选民更偏好有较强政治联系和网络的官员，而处于较低 VFI 地区的选民则更偏好管理技能较高的官员，这种偏好结构引起了政治家的自我选择进入 VFI 不同程度的地区，这种机制使得较高 VFI 地区总是和较差政府绩效相关。

Liddoa 等（2015）同样基于意大利市镇数据发现，VFI 不仅对地方政府财政努力有显著影响，而且这种影响与横向财政不平衡存在交互效应，后者扩大了 VFI 的影响。贾俊雪等（2016）同样基于中国地级市面板数据研究了 VFI 对地方政府土地出让行为的影响，研究发现，VFI 加剧了地方政府的土地出让行为，这种作用在经济落后地区更加显著。第三，对腐败行为的影响。如 Rodden 等（2003）发现，高 VFI 国家要比低 VFI 国家财政不稳定和软预算约束问题更可能发生，Fisman 和 Gatti（2002）发现，VFI 越高，腐败会越普遍。

尽管 VFI 对地方政府的影响已经被大量实证研究所发现，但对 VFI 与地方政府举债融资行为的关系，经验证据却非常有限。杜彤伟等（2019）实证检验了转移支付对财政可持续性的影响机制，发现我国地方政府尚未建立基本财政对其债务的正向反馈机制，既有的财政行为不可持续，但中央对地方的转移支付可以改善地方政府的财政可持续性；地方政府存在"财政疲劳"现象，但大部分地方政府有充足的空间通过适当财政调整建立正向财政反馈机制以实现财政可持续，其中，东部地方政府的财政可持续性大于中西部地区，财政支出效率也具有类似的特征；尽管财政纵向失衡不利于地方财政可持续，但转移支付对地方财政可持续性的综合影响为正，起到了降低财政纵向失衡的作用。同时，转移支付对地方财政可持续性的影响存在显著的门槛效应，在地方政府财政纵向失衡程度较小时，转移支付对财政可持续性具有消极影响；反之则具有积极影响。郭玉清等（2021）研究表明，财政压力和政治压力同时驱动城投债扩张，其中财政压力的驱动效应主要源于分权治理框架植入的政府信用背书，政治压力的驱动效应主要源于发展战略导向的政治晋升考评机制。此外，由于官员变更带来的政策不确定性，政治压力还发挥了对财政压力的调节效应。

虽然文献证实，VFI 导致了地方政府支出扩张，税收努力下降，以及一般预算平衡的恶化，但依据这些财政行为并不能推定 VFI 对地方政府举债融资的激励效应，这一点在中国更为明显。因为在中国，地方政府的举债融资行为都不是发生在预算法框架内,地方政府的举债融资和其预算内行为并没有直接对应关系。不仅如此,中国在地方政府管理上一直实行"守土有责"的全责管理策略,在这种管理策略下,地方政府的支出边界从来就没有被明确界定过。这样,仅通过地方政府的预算行为并不能直接推定地方政府在预算法框架之外发生的举债融资行为(李永友和张帆,2019)。

6.2 机制分析与研究假说

从国际上看,一些高收入国家或新兴市场经济体的地方政府通过债务融资填补表内收支缺口、提供基础设施和公共服务是通行举措。与预算内举债需要接受上级政府的审计监察相比,预算外融资更有利于地方政府发挥财力支配的自由裁量权,利用本地资源禀赋安排支出。Brixi(2001)研究发现,发展中国家经常将表内收支缺口转换为表外隐性债务,仅在公开预算报表中列举部分赤字。Talvik 和 Vegh(2004)、Dziobek 和 Mangas(2011)认为,当财政目标集中在维持表内预算平衡和债务水平上限时,地方政府更倾向于诉诸表外渠道扩张债务,从而进一步加剧财政失衡。如此循循相因,财政纵向失衡导致表外隐性债务不断累积扩张,财经纪律松弛和预算约束软化成为困扰很多新兴经济体的制度现象。龚强(2011)、米璨(2011)、郭玉清等(2016)和曹婧等(2019)认为,中国地方政府债务同样存在体制压力的驱动机制。

可以看到,中国的分权财政体制塑造了初始 VFI,在这种体制下,各种软化地方政府预算约束的制度和政府间粗放式财政竞争又进一步加深了 VFI。然而,这里又产生了一个问题,VFI 的加深意味着地方政府自有收入融资自主支出的缺口变得更大。面对无限责任的上级考核要求和地区间激烈的竞争,从中央政府的角度看,唯一的途径就是增加对地方的转移支付以及赋予地方一定发债权。然而,大量研究已经证实,中央政府的这种方法将会使

VFI 进一步扩大，除了上述所列原因，其实还有一个恶性循环存在。即转移支付的粘蝇纸效应和征税激励会造成更大的 VFI，后者又会要求中央政府更多的转移支付，这又会要求中央政府进一步提高财政集中度，从而反向进一步加剧 VFI，这种情况发展下去的一个极端就是收支完全集权。显然这不符合市场经济体制改革对政府管理体制的要求。所以在市场化改革进程中，为了弥补财政垂直失衡，中央政府会对地方政府的支出融资行为选择放任，除非地方政府支出融资行为超越了中央政府的容忍限度。在这种中央—地方的互动策略下，地方政府解决支出竞争的融资需要主要有两种途径，一种可以视为规范行为，即在预算框架内增加不受预算控制或控制较弱的融资途径，典型的就是预算外资金和政府性基金。然而，这种融资途径在无限责任的地方治理策略下，一般难以满足地方政府支出需要。更何况是在预算框架内，中央政府既容易识别又容易干预。中央政府对预算外基金的历次调整就是一个很好例证。为此，对地方政府而言，选择一种相对隐蔽又比较自由的融资方法就自然成为其占优策略。由于比较隐蔽，所以中央政府不易观察其程度是否超越其容忍限度，再加上"守土有责"的无限支出责任，中央政府往往会选择放任以减轻自己对地方政府财政缺口的填充压力。中央政府的放任，使得地方政府寻求第二种方法获得融资支持成为可能，而巨大支出需要和不断扩大的 VFI 为地方政府利用第二种方法进行融资提供了内在激励。从中国的现实情况看，这个第二种方法就是非规范性举债融资。

基于此提出假说：不断扩大的 VFI 为地方政府在预算法框架外寻求举债融资提供了巨大激励。

6.3 实证策略

贾康和白景明（2002）等研究普遍认为，造成地方财政困难，进而债务高速增长，特别是隐性债务不断扩大，不容忽视的因素就是 1994 年分税制改革所形成的财政失衡体制。然而，已有研究都没有给出经验证据支持。同时，联系中国地方政府债务问题，一个很明显特征就是，债务问题虽然一直备受关注，但真正引起重视是 2013 年开始的债务审计。面对不断扩大的债务规模和潜在风险，许多文献将其归因于 2009 年开始的四万亿元经济刺激计划。因为在四万亿元经济刺激计划中，中央政府不仅明确要求地方政府负担起大部分配套资金，而且要求地方政府承担起稳增长的第一责任。这在财政收入增长缓慢情况下，让地方政府倍感压力，不得不求助于各种融资平台，通过举债融资满足支出需要。鉴于这些事实，我们建立模型（6.1），其中 T 是刻画四万亿元投资计划冲击下监管宽松虚拟变量，2009 年之前，以及 2014—2015 年，该虚拟变量取值为 0，2009—2013 年取值为 1。在模型（6.1）中，我们不仅控制住这一冲击的影响。此外，在许多国家，转移支付制度一直被视为均衡各级政府财政收支的重要机制。这种机制在部分文献中被看成是地方政府举债激励的重要原因。不仅如此，我们也有理由推测，这一机制会扩大 VFI 的影响。基于上述考虑，对模型（6.1）作适当扩展，一是增加转移支付变量，以控制转移支付的影响。扩展后的模型中，$Debt_{it}$ 代表地方政府举债融资变量，$Transfer_{it}$ 是转移支付变量，Y_{ijt} 为其他控制变量。对于转移支付（$Transfer_{it}$），根据中国转移支付类型，主要有两种，即地方政府可以自主决策使用的一般性转移支付和税收返还，以及需要按照中央政府意志使用的专项转移支付，两类转移支付对地方政府的使用约束存在较大差异，所以同样是转移支付，对地方政府举债融资的影响可能存在差异。为了捕捉这种差异，将转移支付拆分成财力性转移支付（$General_{it}$）和专项转移支付（$Special_{it}$）。并分别进行上述回归分析。当然，作为地方政府举债融资的另一个非常重要原因是还本付息压力，所以借新还旧这一普遍做法也使得举债行为具有自然的惯性特征，所以在模型（6.1）中也增加了举债行为的滞后影响。变量描述性统计如表 6-1 所示。

$$Debt_{it} = \gamma_0 + \gamma_1 VFI_{it} + \gamma_2 \times T_{it} + \gamma_3 Transfer_{it} + \gamma_4 Debt_{it-1} + \sum_j \delta_j Y_{ijt} + \rho_t + \varphi_i + \upsilon_{it} \quad (6.1)$$

表 6-1　　　　　　　　变量描述性统计

相关变量	均值	标准差	最小值	最大值
$Debt_{it}$	0.0980	0.1003	0.0000	0.5396
VFI_{it}	0.1858	0.1013	-0.0477	0.5645
$Transfer_{it}$	0.4801	0.1825	0.0918	0.8553
$General_{it}$	0.2204	0.1212	0.0048	0.5061
$Special_{it}$	0.1892	0.0878	0.0106	0.4610
GDP_{it}	0.1155	2.7925	0.0300	0.1920
$Investment_{it}$	0.6738	0.2092	0.2528	1.3283
FDI_{it}	0.1689	0.4459	-0.7133	6.9747

6.4　实证结果分析

表 6-2 报告了模型（6.1）的估计结果，也验证了上述假设。实证结果显示，地方政府的债务融资具有显著的惯性特征，这一现象与中国地方政府举债融资的偿债方式有关。在中国，地方政府通过融资平台公司举借债务，相当部分是与前期所举借债务有关，即借新债还旧债是主要偿债方式。在控制了举债融资惯性影响后，财政垂直失衡的影响在模型Ⅰ—Ⅲ中也都非常显著，财政体制垂直失衡对地方政府举债融资具有显著的刺激效应。财政体制垂直失衡程度越深，地方政府的收入越不能满足支出需求。为保证地方公共品和公共服务需求，地方政府越容易转向债务融资以维持支出。从转移支付对地方政府举债融资的激励效应来看，转移支付本身作为矫正财政体制不平衡的重要机制，理论上应该能够弱化或者在一定程度上缓解财政体制垂直失衡的扭曲效应。本书的研究证实了这一观点。无论是转移支付整体，还是从财力性和转移支付来看，都对财政体制垂直失衡发挥了较强的矫正功能，其中，财力性转移支付的矫正效果更为显著。

根据实证结果可以看出，财政体制垂直失衡对地方政府举债行为具有较强的激励效应，这也为下一步从解决财政体制垂直失衡出发有效规制地方政府举债行为提供了理论基础。此外，从控制变量来看，对外开放程度可以缓解地方政府举债融资冲动，这是因为，扩大的税源增加了地方政府收入，减轻地方政府的财政压力，因此，具有一定的负向效应。

表6-2　财政体制垂直失衡对地方政府举债融资激励效应估计

相关变量	模型Ⅰ	模型Ⅱ	模型Ⅲ
$Debt_{it-1}$	0.708*** (10.29)	0.396*** (5.09)	0.435*** (5.59)
VFI_{it}	0.127*** (2.49)	0.0880*** (1.77)	0.116** (2.23)
$Transfer_{it}$		-0.255*** (-4.46)	
$General_{it}$			-0.239** (-2.19)
$Special_{it}$			-0.199* (-1.67)
t		0.0034 (0.22)	-0.0019 (-1.60)
GDP_{it}		0.110 (0.97)	0.114 (0.97)
$Investment_{it}$		-0.0205 (-0.47)	-0.0221 (-0.49)
FDI_{it}		-0.0341* (-1.92)	-0.0338* (-1.84)
常数项	0.0368*** (3.73)	0.170*** (4.21)	0.137*** (3.47)
地区固定效应	YES	YES	YES
时间固定效应	YES	YES	YES
样本数	207	207	207
AR(1)/AR(2)	0.001/0.229	0.000/0.339	0.000/0.325

注：***、**和*分别表示在1%、5%和10%的显著性水平上通过显著性检验。

6.5 进一步讨论

由于不同地区地域、资源、经济发展水平的不同,地方政府的财政收入能力也有所不同。为考察地区异质性的影响,将分别对东、中、西部地区财政体制垂直失衡对地方政府举债融资行为的影响进行估计。估计结果如表 6-3 所示,其中,模型(Ⅰ)是不区分财力性转移支付和专项转移支付的结果,模型(Ⅱ)分别考察了财力性转移支付和专项转移支付的影响。

表 6-3 财政体制垂直失衡对地方政府举债融资激励的分地区效应

变量	东部地区		中部地区		西部地区	
	模型(Ⅰ)	模型(Ⅱ)	模型(Ⅰ)	模型(Ⅱ)	模型(Ⅰ)	模型(Ⅱ)
$Debt_{it-1}$	0.483***	0.494***	0.0559	0.0774	0.103	0.120
	(4.69)	(5.30)	(0.30)	(0.41)	(0.89)	(1.04)
VFI_{it}	0.105	0.113	0.0129	0.0163	0.0196	0.0155
	(1.11)	(1.20)	(0.18)	(0.16)	(0.27)	(0.20)
$Transfer_{it}$	-0.260**		-0.346**		-0.150*	
	(-2.01)		(-2.15)		(-1.89)	
$General_{it}$		-0.166		-0.270		-0.0193
		(-0.45)		(-0.92)		(-0.15)
$Special_{it}$		-0.506		-0.458*		-0.184*
		(-1.07)		(-1.69)		(-1.78)
t	-0.0522***	-0.0547***	0.0039	0.0021	-0.0527***	-0.0542***
	(-3.07)	(-2.95)	(0.25)	(0.13)	(-3.43)	(-3.49)
GDP_{it}	-0.348	-0.314	0.146	0.141	0.220	0.236*
	(-1.18)	(-1.06)	(1.05)	(0.97)	(1.60)	(1.69)
$Investment_{it}$	0.0485	0.0644	0.0638	0.0707	0.0532	0.0579
	(0.64)	(0.75)	(1.09)	(1.16)	(0.93)	(1.00)

续表

变量	东部地区		中部地区		西部地区	
	模型（Ⅰ）	模型（Ⅱ）	模型（Ⅰ）	模型（Ⅱ）	模型（Ⅰ）	模型（Ⅱ）
FDI_{it}	-0.0851*	-0.0879*	0.0011	-0.0009	-0.0455***	-0.0441***
	(-1.90)	(-1.95)	(0.06)	(-0.05)	(-2.83)	(-2.67)
常数项	0.197***	0.177***	0.173*	0.151	0.120*	0.0769
	(3.67)	(3.33)	(1.73)	(1.50)	(1.89)	(1.23)
地区固定效应	YES	YES	YES	YES	YES	YES
时间固定效应	YES	YES	YES	YES	YES	YES
样本数	97	97	72	72	98	98
AR（1）/AR（2）	0.010/0.936	0.013/0.898	0.052/0.258	0.050/0.225	0.031/0.261	0.031/0.237

注：***、**和*分别表示在1%、5%和10%的显著性水平上通过显著性检验。

研究结果显示，债务融资惯性对东中西部地区举债融资的影响均为正向，东部地区尤为显著。从财政体制垂直失衡的激励来看，系数虽不显著，但均为正值。转移支付对东、中、西部地区的影响均为负值，从对举债融资的负向激励程度来看，中部地区最强、东部地区次之、西部地区最低。从转移支付的结构来看，财力性转移支付和专项转移支付都在一定程度上减弱了地方政府的举债融资激励。其中，专项转移支付对中西部地区的影响较为显著。由此可以看出，不同地区的地方政府不仅存在着财政行为方面的差异，且对于相同制度的反应也有所不同。

6.6 本章小结

本章研究结论具有一定政策启示。目前，中国各地通过PPP方式对地方公益性项目进行融资活动日益活跃，以这种半市场化方式解决地方公共品供给，通过产业引导基金等方式引导产业转型升级，通过引入购买服务这种市场机制提高服务水平，虽然这些方式缓解了地方政府融资压力，减轻了地方政府对各种类型融资平台的依赖，让隐性举债行为逐步显性化，但由于根源性问题，即财政体制垂直失衡问题没有解决，上述各种方式不会从根本上解决地方政府举债融资激励。不仅如此，如果没有严格监控，大量表外业务将会以更隐蔽的方式涌现。所以，消除财政体制垂直失衡的加深机制，重构财政体制垂直失衡的纠偏机制，应成为中国财政体制改革亟待研究的问题。当然，在本章研究中，我们并不是说要消除财政体制垂直失衡，因为不仅垂直失衡是所有多级政府体制国家的普遍现象，而且也是符合效率的制度安排，这一点已为研究所论证。所以就财政体制改革本身而言，消除体制垂直失衡不是目标，而是要让体制所确立的政府间权责关系更加明晰，更加具有约束力。在此基础上，重构失衡的纠偏机制，并消除体制垂直失衡的加深机制。

第 7 章

财政体制垂直失衡对地方政府征税行为的影响

7.1　引言

很多 OECD 国家近几十年来都实行了财政分权改革，将更多的支出和收入分配给了地方政府，分权的目的是满足不同地方的不同的公共品偏好，提升公共服务供给的成本收益率，提升地方政府责任。然而，支出分权并不是伴随着收入的分权，即事权和支出责任层层下放的同时，并没有得到财政和财力的保证，因此，Baskaran 等（2016）及 Salinas 和 Solé - Ollé（2018）将其称为"部分分权"。这就导致了财政体制垂直失衡，地方政府为维系公共支出，不得不依赖于转移支付和借债。VFI 较大时，会存在一定的财政风险，在规范性研究中，有一个共同的观点认为，政府间转移支付和借贷软化了地方政府的预算约束，支出成本不能充分内化，另外，较高的垂直失衡会产生紧急救济预期。财政垂直失衡与财政纪律之间的关系引起了较大的关注。许多国家整顿财政纪律，以寻求公共部门的效益收益，财政联邦主义改革可以产生储蓄，这是通过为居民提供更符合要求的公共品，提升地方政府责任，利用辖区竞争，提升公共品供给效率，改革的核心是政府间财政关系的改革，也就是减少垂直失衡。

理论研究经常强调垂直失衡相关的风险，一个普遍的观点认为，垂直失衡会引致过度支出，降低行政效率，降低征税效率。将政府资源视为共同财产的模型证明，分散的财政政策会导致过度的财政赤字。因为能利用公共池资源的利益集团并没有将支出成本内部化，单独的支出部门不会考虑他们支出决策的外部性。Velasco（2000）认为，当政府收入成为分权财政机构提取资金的公共池时，财政赤字就会在没有任何跨期平滑措施的情况下出现。有关软预算约束的研究同样认为，VFI 会影响财政绩效。垂直失衡程度较高的地方没有足够的税权来应对冲击（Hagen 和 Eichengreen，1996）。因此，政府会陷入危机（没有能力发工资或拖欠贷款）。当然，地方政府会推脱责任，来自选民、公务员和债权人的压力就会涌向中央政府，在这样的情形下，中央政府除了对地方政府给予救助外别无选择。正是有了这样的预期，地方政府会更加冒进。Rodden 等（2003）指出，转移支付依赖型政府面对的财政责任激励更弱，因为在他们看来，将自己置于需要紧急救助的状态更有好处。因此，VFI 会导致更多的、无效的支出和收入分配。Oates（2005）认为，允许地方政府通过地方征税获得自己的收入对促进财政纪律具有重要意义。然而，弥补纵向的缺口并不一定是合理的或是有益的。因为最优的分权度下，支出总是比收入多。理论上来说，允许一定程度的 VFI 是有效的。另外，转移支付可以为地方政府支出提供更好的保证，也能为地方政府抵御外来冲击提供资金保证，将外溢成本内部化，实现再分配目标。

　　在实证研究方面，主要是针对特定国家的案例分析和计量分析。大多数研究集中讨论公共支出，以对利维坦假设进行检验。Fornasari 等（2000）证明，由转移支付和地方间借款支持的支出分权会增加公共部门的规模。Jin 和 Zou（2002）发现，转移支付依赖扩大了地方政府、中央政府和总的政府规模。Rodden（2003）发现，如果地方政府主要靠转移支付筹资的话，总的政府支出会增加得更快。只有一小部分文献探讨了 VFI 对政府财政平衡的影响。Fisher（1982）、Oates（1993）、Bird（2003）和 Boetti 等（2012）认为，财政纵向失衡对地方政府税收努力存在扭曲效应，尤其当财政纵向失衡高于最优阈值时，较为严重的地方政府收支脱节不仅导致地方政府对中央转移支付资金的过度依赖以及政府预算软约束，还会诱导地方政府放松财政纪律，使其更加偏好于风险型决策或超额支出计划，不利于地方政府财政收支实现内在平衡，引发"捕蝇纸效应"或"财政幻觉"，在这种情况下，即便扩大地方政府征税自主权，理性的地方政府也可能为获取更多的中央转移支付资金抑或借助转移支付的"公共池"效应转嫁支出成本而选择降低税收努力。Baretti 等（2002）将转移支付视为"税收之税"，即将地方政府提高税收努力而导致所获转移支付资金的减少视为对地方政府税收收入的征税，故而提出转移支付的收入效应与替代效应均倾向于降低地方政府税收努力。与之相对，地方政府如果降低税收努力程度，不仅导致其自有收入减少，还将进一步加剧财政纵向失衡程度。Eyraud 和 Lusinyan（2013）认为，垂直财政失衡程度越高，越不利于财政绩效的提升，并且会导致更大的财政赤字。Ben-Bassat（2016）、Köppl-Turyna 和 Pitlik（2018）、Lago-Peñas 等（2020）研究发现，VFI 会引起地方对财政转移支付的严重依赖，导致地方财政过度支出或降低其征税努力。然而，一些实证研究发现 VFI 会促进财政绩效。Perssonand 和 Tabellini（1996）及 De Mello（2000）认为适度的财政纵向失衡有利于加强中央对地方政府财权的有效管控，推动宏观经济政策目标的实现和国家经济的良性增长，Faguet（2004）认为地方政府还可以借助中央转移支付的成本补偿机制促进地方政府绩效的全面改善。Darby 等（2005）发现，中央政府通过对拨款资金的分配来对地方政府支出施加较大的影响，在成功的财政整顿过程中，为使地方政府调整支出，拨款会大幅下降。

而从国内学者的研究来看，大多为财政体制垂直失衡的规范分析，为数不多的实证研究主要讨论了财政垂直失衡对经济增长的影响（储德银，2017）、对社会性支出效率的影响（赵为民、李光龙，2016）、对土地财政的影响（贾俊雪等，2016）。而就财政体制垂直失衡对地方政府财政纪律进行的研究来看，Guo（2008）基于县级面板数据研究了支出责任分权和收入再集权背景下中国地方政府财政行为，研究发现，中国政府间财政分配关系的 VFI 导致了地方政府以雇员数量扩张为标志的财政不谨慎行为，这种影响被中央政府的政治策略考虑所强化，不过 VFI 并没有对地方政府的税收努力产生显著影响。贾俊雪和应世为（2016）研究发现，较高的财政纵向失衡会抑制地方政府对辖区的税收征管力度。贾俊雪等（2017）利用中国 1999—2009 年的地级市数据研究了财政体制垂直失衡对地方政府征税行为的影响，研究发现，财政体制垂直失衡降低了地方政府的征税努力。他们还探索了中国特定的分税制财政体制下，财政体制垂直失衡对地方政府征收地方税和共享税的努力程度的影响，发现地方政府会降低地方税种的征税努力，但在共享税方面，这样的影响并不显著。储德银等（2019）通过构建柯布道格拉斯生产函数模型与理论分析框架，系统诠释了财政纵向失衡与横向失衡对地方政府税收努力的作用渠道与影响效应，发现财政纵向失衡无论是从全国层面抑或分地区均显著降低地方政府税收努力程度，而财政横向失衡对地方政府税收努力的影响则存在显著的地区异质性。研究还建立面板联立方程模型与采取三阶段最小二乘法对财政纵向失衡与横向失衡对地方政府税收努力的影响效应进行分析，发现财政纵向失衡通过直接作用渠道显著降低或抑制了地方政府税收努力，财政横向失衡对地方政府税收努力的作用渠道与传导效应大小因地区经济发展水平不同而存在较大差异，即发达地区财政横向失衡直接提高地方政府税收努力，而欠发达地区财政横向失衡不仅可以直接降低地方政府税收努力，亦可通过对财政纵向失衡的正向激励间接影响地方政府税收努力产生负向抑制效应。赵娜等（2020）研究发现，财政纵向失衡程度的提高降低了地方政府税收努力，而地方政府税收努力的降低扭曲了资本配置效率。向文君（2021）利用2008—2018年沪深两市A股上市公司数据，考察了财政失衡对企业避税的影响。实证结果表明，财政纵向失衡降低了政府税收征管力度，而财政横向失衡增强了政府税收征管力度。

我们认为，这些文献中对 VFI 的测算方法没有反映出中国事权、支出责任和执行责任高度分离的典型事实，为此，这一部分，我们将采用前文对 VFI 的测算结果，实证检验财政体制垂直失衡对地方政府财政收入行为的影响，并且，在中国财政分权体制下，省级政府具有较强的地税征管权，因此，讨论省级层面的政府行为将更具理论和实践意义。

7.2　机制分析与理论假设

财政分权通常伴随着较大的财政垂直失衡，这在分权体制的经济体中会破坏地方政府的财政纪律，这一点可以通过公共池问题和软预算约束问题来解释。Hardin（1968）提出了著名的"公地悲剧"理论，Weingast 等（1981）年将其拓展到财政体制框架下，得到一个重要的发现，能分得公共池利益的地方政府不会将其提供本辖区范围内受益的公共品和公共服务的成本内部化。中央对地方政府的转移支付即可视为一种公共池资源，在这种分权财政体制下，中央政府集中大部分的收入，再通过转移支付的方式对地方政府提供补助。这样，有了转移支付来平衡财政体制垂直失衡，就会使地方政府提供的公共品的成本低于其实际水平。同时，公共池资源也创造出了一个楔子，即地方政府用自己收入提供财政资金的边际成本和用转移支付来支付的边际成本之间的差异，显然，用自己的税收所承担的边际成本要比使用政府间转移支付来负担的高。因此，地方政府就产生了一种激励，在这样的激励下，他们会扩大公共支出，或减少征收地方税的征税努力，这样，也就将本辖区的公共品成本通过转移支付外溢到其他的辖区。在财政体制垂直失衡程度越深的地区，公共池问题也愈发严重。

财政体制垂直失衡损坏地方政府财政纪律的一个重要原因是软预算约束。依赖转移支付弥补缺口的财政体制垂直失衡会导致地方政府软预算约束，中央的转移支付会让地方政府产生一种紧急救助的期望。这一点，在中国表现得似乎更加明显。中央政府为了维持地方政府的正常运转和稳定，一定会通过转移支付等形成对地方的财政收支缺口进行弥补，这也就导致了地方财政纪律性较低。

基于上述理论研究和机制分析，我们提出以下两点假设：

假设1：财政体制垂直失衡会降低地方政府对地方税的征收努力。

贾俊雪等（2017）认为，尽管主流的研究就财政体制垂直失衡对地方政府财政纪律的影响得到了诸多有价值的结论，但有一个重要的前提，即地方政府有一定的自主征税权，只有这样，地方政府才能在财政体制垂直失衡情况下调整征税行为。

在中国分税制财政体制下，地方政府对地方税征收有一定的自主权，同时也征收共享税。这就使得地方政府在财政收支压力大的时候减少地方税的征收，藏富于民。由于共享税代表了中央的利益，因此，地方政府对共享税的征收努力不会受到影响。在借鉴 Eyraud 和 Lusinyan（2013）和贾俊雪等（2017）研究的基础上，我们提出第二个假设：

假设 2：财政体制垂直失衡会降低地方税征收，但对共享税征收没有影响。

在中国当前激励相容的财政体制机制下，地方政府行为会直接影响中央政府决策，因此，在存在公共池和预算软约束的情况下，地方政府寄希望于中央的转移支付或救济，减少税收征收。

7.3　实证策略

这部分将对上述两个假设进行实证检验。为评估财政体制垂直失衡对地方政府财政纪律的影响，我们首先建立基准回归模型如下：

$$R_{i,t} = \alpha_0 + \alpha_1 VFI_{i,t} + \sum_j \beta_j x_{ij,t} + \mu_i + \varphi_t + \varepsilon_{i,t} \tag{7.1}$$

模型（7.1）的左边 $R_{i,t}$ 代表地方政府财政收入行为，本书将通过地方财政收入占 GDP 的比重（fr_{it}）、地方总税收收入占 GDP 的比重（tr_{it}）、地方税税收收入占 GDP 的比重（lr_{it}）、共享税税收占 GDP 的比重（sr_{it}）来分别衡量 VFI 对地方财政收入的影响。借鉴贾俊雪等（2017）的做法，地方税税收包括营业税、城市维护建设税，共享税税收收入包括增值税和所得税。$x_{i,j,t}$ 为控制变量，包括人均 GDP_{it}（模型中为取对数后的值 $lnpgdp_{it}$）、转移支付（$transfer_{it}$）、人口密度（$population_{it}$）、人口结构（$popstructure_{it}$）、二三产业占比（$secondgdp_{it}$/ $thirdgdp_{it}$）、外商直接投资（FDI_{it}）、域内竞争（$ynjz_{it}$）等。为了考察政治因素的影响，我们还控制了省委书记是否从中央调任的影响。其中，人均 GDP，及二三产业占比都反映地方经济发展水平和经济结构对地方收入的影响，人口结构和人口密度以及域内竞争也都反映出了地方税收征收的规模效应。地方政府行为具有明显的政治主导型，因此，也将反映地方领导特征的省委书记变量纳入模型当中。

接下来就是对文中的关键变量进行赋值。选择实际利用的外资总额占全社会固定资产投资总额的比重测度外商直接投资（FDI_{it}），以此反映外资流入对地方政府税收能力的影响。在中国现行的政府间收入分配关系下，地区产业结构对地区税基，进而对地方收入影响很大，因此，我们选择了第二产业和第三产业占比来反应这一因素对地方收入的影响。选择每平方公里万人数量测度人口密度（$population_{it}$），因为，对地方政府来说，人口密度越大，公共品和服务供给的规模效应就会越明显。选择 15 岁以下和 65 岁以上人口占本地所有人口的比重测度人口年龄结构（$popstructure_{it}$），因为，不同的年龄结构影响一个地区的经济增长，进而影响税基规模。在政府主导型模式为主的中国，很大程度上会受到地区领导的影响。所以为控制住这一影响，在控制变量中，我们还加入了反映省委书记特征的虚拟变量（$prov_{it}$），如果省委书记为中央部门调任，则虚拟变量取值为 1，否则为 0。如果省委书记是下半年到岗的，那么该年省委书记特征变量取值就按照上半年的省委书记特征计值。转移支付（$transfer_{it}$）是影响地方政府财政行为的重要变量，在分析具体的地方财政收入时，为研究需要，我们还进一步讨论了包含一般转移支付和税收返还在内的财力性转移支付（$general_{it}$）和专项转移支付（$special_{it}$）对地方政府财政纪律的影响。通过所辖地级市个数刻画域内竞争（$ynjz_{it}$）对地方政府财政纪律的影响。变量的描述性统计如表 7-1 所示。

考虑到数据指标的可获得性，这部分研究将利用 2006—2015 年中国 30 个省级行政单位（西藏除外）的面板数据进行估计。数据主要来源于《中国统计年鉴》《中国财政年鉴》《中国税务年鉴》《全国地市县财政统计资料》《政府工作报告》以及各省份的财政决算报告、财政预算执行情况报告等。

表 7-1　　　　　　　　　变量的描述性统计

变量名称	均值	标准差	最小值	最大值
fr_{it}	10.1103	3.1139	5.3217	21.9695
tr_{it}	7.7679	2.9853	3.7474	19.3371
lr_{it}	3.0814	1.1593	1.4049	7.4893
sr_{it}	2.8530	1.5375	1.3123	10.3668
VFI_{it}	0.1858	0.1013	-0.0477	0.5645
$lnpgdp_{it}$	10.3468	0.5881	8.6634	11.5895
$population_{it}$	0.0447	0.0656	0.0008	0.3851
$popstructure_{it}$	0.2622	0.0359	0.1615	0.3552
$ynjz_{it}$	92.7333	45.0160	16	183
$secondgdp_{it}$	47.7423	7.8587	19.7	61.5
$thirdgdp_{it}$	41.1553	8.6775	28.6	79.7
$prov_{it}$	0.5200	0.5004	0	1
$transfer_{it}$	0.4801	0.1825	0.0918	0.8553
$general_{it}$	0.2204	0.1212	0.0048	0.5061
$special_{it}$	0.1892	0.0878	0.0106	0.4610

7.4　实证结果分析

为检验前文提出的两个理论假设，这部分将采用固定效应模型（FE）对模型（7.1）进行实证检验，此外，我们还通过稳健性标准误下的固定效应模型（FE-robust）对参数估计结果进行对比，以保证估计结果的有效性。实证结果见表 7-2。

由表 7-2 可知，财政体制垂直失衡对地方财政收入及地方财政税收收入的影响显著为负，即财政体制垂直失衡程度越深，地方政府的财政收入和税收收入越低。这验证了上文提出的第一个假设。为了深入研究地方政府的财政行为，我们又对地方政府的税收区分为地方税税收收入和共享税税收收入，以检验假设2。计量结果进一步证实了我们的第二个假设。表7-2第4列至第8列显示，财政体制垂直失衡会降低地方政府征收地方税收的激励，而对共享税的影响并不显著。通过对比第3列和第4列可知，转移支付显著强化了财政体制垂直失衡对地方税征收的负向激励效应。在未加入转移支付和财政体制垂直失衡的交叉项时，VFI的影响虽然为负，但并不显著，但在加入这一交叉项后，这一效应变得十分显著，这充分论证了理论分析部分关于转移支付引致的公共池效应和软预算约束效应对地方政府财政纪律的负向影响。

转移支付不仅是弥补地方财政缺口的重要制度工具，更是地方政府财政行为的重要激励手段。分税制改革20多年来，中国的转移支付制度也在不断演变，从转移性收入的内容结构来看，我国转移支付分为一般性转移支付和专项转移支付，另外还有一块比较特别的税收返还，这里，为便于研究，我们将一般性转移支付和税收返还合并为财力性转移支付。一般性转移支付与专项转移支付具有不同的特点：一般性转移支付能够发挥地方政府了解居民公共服务实际需求的优势，有利于地方因地制宜统筹安排财政支出和落实管理责任；专项转移支付则能够更好地体现中央政府的意图，促进相关政策的落实，且便于监督检查。观察表7-2第2行可知，转移支付这一因素显著降低了地方政府的财政增收激励，那么，究竟是财力性转移支付的影响抑或专项转移支付的影响呢？为了探索这个问题的答案，我们分别研究了财力性转移支付和专项转移支付的影响。如第5列和第6列所示，一般性转移支付显著增强了财政体制垂直失衡对地方政府地方税征收努力的负向效应。而从专项转移支付来看，尽管其增强了VFI对地方政府地方税征收的影响，但其本身的系数并不显著，即专项转移支付本身并不直接影响地方政府对地方税收的征收努力。这一现象可以从一般性转移支付和专项转移支付的资金用途来解释。一般性转移主要是平衡地方财力，缓解地方财政压力，并不规定详细的资金用途，而以实现中央政策目标为目的的专项转移支付并不能由地方政府任意支配，因此，这部分转移支付并不能减少地方支出的成本，因此，其对地方税征收努力的影响不如一般转移支付显著。值得注意的是，从实践中来看，尽管地方政府并不具备专项转移支付资金的随意支配权，但是仍存在挪用专项转移支付资金的现象，因此，其在一定程度上，也会增强财政体制垂直失衡对地方税收征收行为的影响。

表 7-2 第 7 列、第 8 列呈现的是财政体制垂直失衡对地方政府共享税征收行为的影响。从估计结果来看，这一影响并不显著。因为共享税代表了部分中央的利益，因此，地方政府并不会因财政体制垂直失衡而减少这部分的收入。

表7-2　　财政体制垂直失衡对地方财政纪律的影响估计结果

	FR	TR	LR1	LR2	LR3	LR4	SR1	SR2
VFI_{it}	-8.199***	-3.528***	-0.367	-0.404***	-2.521***	-2.869***	-0.872	1.842
	(-7.74)	(-3.89)	(-0.78)	(-4.29)	(-2.92)	(-3.51)	(-1.62)	(1.54)
$transfer_{it}$	-14.34***	-7.154***	-1.996***	-1.885***			-1.721**	-1.796**
	(-9.70)	(-5.64)	(-3.02)	(-2.95)			(-2.29)	(-2.41)
$general_{it}$					-2.836***			
					(-2.98)			
$special_{it}$						-0.697		
						(-1.22)		
$VFI_{it} \times transfer_{it}$				7.553***				-5.078**
				(4.39)				(-2.53)
$VFI_{it} \times general_{it}$					8.018***			
					(2.67)			
$VFI_{it} \times special_{it}$						15.01***		
						(4.52)		
$lnpgdp_{it}$	2.348***	1.547***	0.554***	0.527***	0.664***	0.605***	-0.106	-0.0880
	(11.68)	(8.98)	(6.17)	(6.06)	(7.91)	(7.29)	(-1.03)	(-0.87)
$population_{it}$	32.45***	17.26**	-22.28***	-20.34***	-20.41***	-18.29***	40.10***	38.80***
	(4.13)	(2.56)	(-6.34)	(-5.94)	(-5.88)	(-5.32)	(10.03)	(9.72)

续表

	FR	TR	LR1	LR2	LR3	LR4	SR1	SR2
$popstructure_{it}$	0.544	0.555	1.616**	1.500**	1.542**	1.203*	−2.054***	−1.976***
	(0.36)	(0.43)	(2.42)	(2.33)	(2.38)	(1.86)	(−2.70)	(−2.63)
$ynjz_{it}$	0.136***	0.0554	−0.0577***	−0.0681***	−0.0677***	−0.0655***	0.0321	0.0391*
	(3.09)	(1.47)	(−2.94)	(−3.56)	(−3.51)	(−3.38)	(1.43)	(1.75)
$secondgdp_{it}$	0.0329	0.0769**	0.0036	0.0079	0.0097	0.0158	0.0749***	0.0720***
	(0.82)	(2.24)	(0.20)	(0.45)	(0.56)	(0.90)	(3.67)	(3.56)
$thirdgdp_{it}$	0.104**	0.110***	0.0068	0.0167	0.0232	0.0237	0.0763***	0.0697***
	(2.31)	(2.87)	(0.34)	(0.86)	(1.20)	(1.19)	(3.34)	(3.06)
$prov_{it}$	0.187*	0.084	0.148***	0.149***	0.145***	0.146***	−0.0761	−0.0767
	(1.67)	(0.89)	(2.97)	(3.09)	(3.00)	(2.98)	(−1.34)	(−1.36)
$cons_{it}$	−27.18***	−19.02***	3.712	4.257*	2.153	1.742	−6.110**	−6.476**
	(−5.24)	(−4.28)	(1.60)	(1.90)	(1.04)	(0.82)	(−2.31)	(−2.47)
地区固定效应	YES	YES	YES	YES	YES	YES	YES	YES
时间固定效应	YES	YES	YES	YES	YES	YES	YES	YES
观测值	300	300	300	300	300	300	300	300
R^2	0.844	0.760	0.575	0.605	0598	0.593	0.388	0.403
F	156.7	91.65	39.28	39.75	38.68	37.84	18.41	17.56

注：***、**和*分别表示在1%、5%和10%的显著性水平上通过显著性检验。

7.5 进一步讨论

为了检验上述估计结果的稳健性，我们又分别利用稳健性标准误下的固定效应模型（FE_robust）和变换被解释变量两种方法对模型（7.1）进行估计，以保证估计结果的有效性。如表7-3和表7-4所示，估计结果与上文基本一致，即财政体制垂直失衡显著降低了地方政府的财政收入征收努力、税收征收努力。在考虑地方税和共享税的情况下，我们发现，地方政府在财政体制垂直失衡情况下降低地方税税收征收努力而不会减少共享税征收的结论依然稳健,这又进一步验证了前文提出的两个假设。

表7-3　　　财政体制垂直失衡对地方财政纪律的影响的稳健性检验结果Ⅰ（FE-robust）

	FR	TR	LR1	LR2	LR3	LR4	SR1	SR2
VFI_{it}	-8.199***	-3.528***	-0.367	-0.404**	-2.521*	-2.869**	-0.872	1.842
	(-5.18)	(-2.55)	(-0.53)	(-2.39)	(-1.70)	(-2.19)	(-1.11)	(1.04)
$transfer_{it}$	-14.34***	-7.154***	-1.996***	-1.885***			-1.721	-1.796
	(-5.35)	(-3.21)	(-3.26)	(-3.47)			(-1.54)	(-1.62)
$general_{it}$					-2.836*			
					(-1.63)			
$special_{it}$						-0.697		
						(-1.21)		
$VFI_{it} \times transfer_{it}$				7.553***				-5.078*
				(4.39)				(-1.96)
$VFI_{it} \times general_{it}$					8.018*			
					(1.51)			
$VFI_{it} \times special_{it}$						15.01***		
						(2.83)		
其他控制变量	YES	YES	YES	YES	YES	YES	YES	YES
地区固定效应	YES	YES	YES	YES	YES	YES	YES	YES
时间固定效应	YES	YES	YES	YES	YES	YES	YES	YES
观测值	300	300	300	300	300	300	300	300
R^2	0.844	0.760	0.575	0.605	0.598	0.593	0.388	0.403
F	97.78	25.38	17.18	20.91	24.84	17.70	7.832	7.282

注：***、**和*分别表示在1%、5%和10%的显著性水平上通过显著性检验。

表 7-4　财政体制垂直失衡对地方财政纪律的影响的
稳健性检验结果 II（$\ln R_{it}$）

	FR	TR	LR1	LR2	LR3	LR4	SR1	SR2
VFI_{it}	-0.744*** (-8.37)	-0.428*** (-4.12)	-0.110 (-0.77)	-1.223*** (-3.92)	-0.677** (-2.58)	-0.883*** (-3.60)	-0.478 (-3.51)	0.407 (1.35)
$transfer_{it}$	-1.225*** (-8.70)	-0.831*** (-5.72)	-0.469*** (-2.35)	-0.438*** (-2.25)			-0.885 (-4.66)	-0.910 (-4.87)
$general_{it}$					-0.639** (-2.21)			
$special_{it}$						-0.199 (-1.16)		
$VFI_{it} \times transfer_{it}$				2.082*** (3.98)				-1.655*** (-3.29)
$VFI_{it} \times general_{it}$					2.134* (2.33)			
$VFI_{it} \times special_{it}$						4.387*** (4.40)		
其他控制变量	YES	YES	YES	YES	YES	YES	YES	YES
地区固定效应	YES	YES	YES	YES	YES	YES	YES	YES
时间固定效应	YES	YES	YES	YES	YES	YES	YES	YES
观测值	300	300	300	300	300	300	300	300
R^2	0.855	0.814	0.639	0.660	0.653	0.657	0.337	0.363
F	171.2	127.3	42.55	50.47	48.84	49.87	14.73	14.84

注：***、**和*分别表示在1%、5%和10%的显著性水平上通过显著性检验。

不同地区的地理区位、资源禀赋和经济发展水平不同，财政体制垂直失衡及面临的转移支付水平也不同。考虑到地区异质性因素，我们又分别估计了东、中、西部地区财政体制垂直失衡对地方政府财政纪律的影响，估计结果见表 7-5 至表 7-7。

表 7-5　财政体制垂直失衡对地方财政纪律的分地区影响估计结果一

	FR			TR		
	东部	中部	西部	东部	中部	西部
VFI_{it}	-4.389***	-11.13***	-7.204***	-2.500	-4.855***	-1.576
	(-2.42)	(-8.17)	(-3.83)	(-1.43)	(-4.62)	(-1.23)
$transfer_{it}$	-19.14***	-15.83***	-9.071***	-7.321***	-7.584***	-4.623**
	(-6.85)	(-10.01)	(-3.20)	(-2.71)	(-6.21)	(-2.39)
其他控制变量	YES	YES	YES	YES	YES	YES
地区固定效应	YES	YES	YES	YES	YES	YES
时间固定效应	YES	YES	YES	YES	YES	YES
观测值	110	80	110	110	80	110
R^2	0.877	0.934	0.861	0.791	0.912	0.844
F	71.37	98.41	61.78	37.91	72.78	54.20

注：***、**和*分别表示在1%、5%和10%的显著性水平上通过显著性检验。

表 7-6　财政体制垂直失衡对地方财政纪律的分地区影响估计结果二

变量	LR-transfer			LR-general			LR3-special		
	东部	中部	西部	东部	中部	西部	东部	中部	西部
VFI_{it}	-1.564	-1.095	-8.728**	-0.767	1.682	-4.617*	-1.281	-1.481	-7.272***
	(-0.91)	(-0.47)	(-2.47)	(-3.92)	(0.46)	(-1.61)	(-0.86)	(-1.29)	(-2.68)
$transfer_{it}$	-0.951	-2.002***	-1.990*						
	(-0.69)	(-5.72)	(-1.71)						
$general_{it}$				-4.237	-2.324	-0.154			
				(-1.48)	(-1.31)	(-0.12)			
$special_{it}$							1.295	-2.445**	-0.620
							(0.88)	(-2.61)	(-0.82)
$VFI_{it} \times transfer_{it}$									
$VFI_{it} \times general_{it}$				-5.566	-8.828	17.37**			
				(-0.71)	(-0.68)	(2.19)			
$VFI_{it} \times special_{it}$							1.986	1.846	29.46***
							(0.16)	(0.34)	(3.36)

续表

变量	LR – transfer			LR – general			LR3 – special		
	东部	中部	西部	东部	中部	西部	东部	中部	西部
其他控制变量	YES	YES	YES	YES	YES	YES	YES	YES	YES
地区固定效应	YES	YES	YES	YES	YES	YES	YES	YES	YES
时间固定效应	YES	YES	YES	YES	YES	YES	YES	YES	YES
观测值	110	80	110	110	80	110	110	80	110
R^2	0.603	0.822	0.714	0.615	0.800	0.697	0.605	0.822	0.717
F	13.53	28.53	22.19	14.24	24.87	20.48	13.63	28.57	22.56

注：***、**和*分别表示在1%、5%和10%的显著性水平上通过显著性检验。

表7-7 财政体制垂直失衡对地方财政纪律的分地区影响估计结果三

变量	SR		
	东部	中部	西部
VFI_{it}	3.695	-2.344	-4.083*
	(1.34)	(-1.00)	(-1.87)
$transfer_{it}$	-0.529	-3.134***	-1.590***
	(-0.24)	(-4.19)	(-2.21)
$VFI_{it} \times transfer_{it}$	-9.477	0.859	3.673
	(-1.11)	(0.21)	(1.21)
其他控制变量	YES	YES	YES
地区固定效应	YES	YES	YES
时间固定效应	YES	YES	YES
观测值	110	80	110
R^2	0.469	0.590	0.359
F	7.85	8.91	4.99

注：***、**和*分别表示在1%、5%和10%的显著性水平上通过显著性检验。

表7-5呈现的是财政体制垂直失衡对地方政府财政收入及税收总收入的影响。观察可知，无论是东部地区，还是中西部地区，财政体制垂直失衡都显著降低了地方财政收入，但在税收总收入方面，却表现出一定的差异。其中，中部地区的负向激励较为显著。从转移支付的影响来看，无论是财政

总收入还是税收总收入，东中西部地区的系数均显著为负。

观察表7-6中财政体制垂直失衡对地方税征收的估计结果，我们发现，无论是考虑转移支付整体的情况下，还是单独考虑一般转移支付抑或专项转移的情况，东部和中部地区财政体制垂直失衡对地方政府财政总收入的影响不显著，而西部地区显著为负。这与中央政府的政策目标有关。经统计发现，无论是一般转移支付还是专项转移支付，西部地区获得的转移支付资金均高于东部和中部地区，这就更能对地方政府产生降低地方税征收，转而依赖中央转移支付的激励。

我们还对财政体制垂直失衡对地方共享税征收的影响，估计结果见表7-7。研究发现，东部地区和中部地区VFI的估计系数并不显著，西部地区的估计系数在10%的水平下显著为负，即西部地区的地方政府会在财政体制垂直失衡的情况下降低共享税税收收入。

7.6 本章小结

1994年的分税制改革在大幅提升两个比重、调动中央和地方两个积极性方面取得了较大的成就，但由此产生的财政体制垂直失衡却扭曲了地方政府的财政纪律，这一影响主要是通过转移支付形成的公共池效应和软预算约束产生的。本章采用2006—2015年中国30个省级行政单位的面板数据，通过固定效应模型检验了财政垂直失衡对地方政府征税行为的影响。我们发现，财政体制垂直失衡显著降低了财政总收入和税收总收入，论证了我们关于财政体制垂直失衡会损坏地方财政纪律的假设，具体表现为地方财政征收努力的下降。我们又进一步区分了地方税征收和共享税征收行为，发现财政体制垂直失衡对地方税征收的影响较为显著，而对共享税的征收并没有太大影响，这也就论证了前文关于财政体制垂直失衡会降低地方税征收努力而不会减少共享税征收的假设。

研究结果表明，应将财政体制垂直失衡控制在一定水平，过大的财政体制垂直失衡会引致地方政府的财政纪律下降。因此，建议完善中央和地方政府的收支责任配置，明确中央和地方政府的事权划分，将本应由中央政府承担支出责任的支出上划中央，同时，给予地方政府一定的税收自主权，将有助于地方财政纪律的改善。

第 8 章

财政体制垂直失衡对地方政府公共品供给的影响

8.1 引言

财政联邦主义认为，分权可以对地方政府产生激励，通过"用手投票"和"用脚投票"来提升政府对辖区公共品的供给效率（Tiebout，1956；Oates，1972）。然而，综观发展中国家的分权实践，事实却恰恰相反（Keen 等，1996；Zedda 等，2005）。较低的人口迁移率（Faguet，2004）、利益集团的俘获和基于公平的政策目标（Triesman，2000）、财政支出项目的"可替换效应"（Crumpler 和 Grossman，2008）等往往会导致地方政府的公共品供给不足。围绕中国财政分权对公共品供给影响研究的一部分文献发现，委任制下地方政府行为的变异（乔宝云等，2005）、预算外收入的不断增加（平新乔和白洁，2006）、基于政绩考核的地区竞争（傅勇和张晏，2007；范子英和张军，2009、2013；马光荣和杨恩艳，2010；柳庆刚和姚洋，2012）、地方政府的向上负责制和地方财政自主权的下降（陈硕，2010；左翔等，2011；尹恒和朱虹，2011；周黎安和陈祎，2015）和转移支付制度不完善（范子英和张军，2013）等使得地方政府关注短期经济效益的获得，支出结构更偏向经济性公共品。贾俊雪（2015）从收入分权和支出分权两个维度评估了财政分权与公共支出结构间的关系，认为收入分权对地方政府民生福利支出水平具有正面效应，而支出分权则助推了公共支出结构向交通等基础设施项目倾斜。

通过梳理发现，从中国地方财政自有收入和地方承担支出不匹配即财政体制垂直失衡的视角对公共品供给问题进行深入探讨的文献较少。付文林和沈坤荣（2012）、Jia 等（2014）、贾俊雪等（2016）和王杰茹（2016）指出我国财政纵向失衡下地方财政收支缺口会扩大转移支付、土地出让金和地方政府的举债规模，将优先安排有利于刺激经济增长的基本建设性项目，明显压缩民生福利性支出份额，进而助推公共支出结构向经济建设性支出倾斜造成结构异化。赵为民和李光龙（2016）研究发现，财政纵向失衡对以教育、公共卫生为内容的社会性支出效率具有门槛效应，当前多数省份的财政纵向失衡水平已跨越门槛值，在这个区间，财政纵向失衡对社会性支出效率具有负面效应。郭婧和贾俊雪（2017）研究发现，自有财政收入与教育、社会保障支出负相关，而非自有财政收入虽与教育、社会保障支出具有正相关关系但影响系数均较小。这表明地方政府的支出行为存在显著偏向，即对教育、社会保障关注不足。马光荣等（2019）研究发现财政分权中的税收分成比例提高促进了生产性公共支出的提升。韦东明等（2021）采用2007—2017年中国地级市面板数据，深入分析了财政垂直失衡对公共支出偏向和经济高质量发展的内在影响机理和传导效应。研究发现，财政垂直失衡对经济高质量发展具有负向直接效应，且财政垂直失衡通过公共支出偏向对经济高质量发展产生负向的间接效应。

在中国行政性分权体制下，地方政府是公共品的主要提供者，公共品供给水平与地方政府财力密不可分。本书基于已有研究（Zedda等，2005；傅勇，2010），按照对地方经济增长有无直接贡献的标准，将公共品划分为经济性公共品和社会性公共品。其中，经济性公共品包括交通、能源和通信三类，社会性公共品包括公共教育、环境、公共设施、公共卫生四类。为综合考量公共品供给质量（而非投入），借鉴李永友和张子楠（2017）的做法，利用公共品供给综合指数对公共品供给水平进行定义。在指数构造方面，首先，选择刻画每类公共品的具体指标，确定每类公共品供给状况；其次，选择每类公共品权重，通过一定的加权得出公共品综合指数。接下来，我们将分别对财政体制垂直失衡与经济性公共品供给和社会性公共品供给之间的关系进行分析[①]。

---

① 这部分数据根据1995—2016年《中国统计年鉴》《中国环境统计年鉴》《中国能源统计年鉴》和《中国卫生统计年鉴》整理得到。在权重选择上，每个一级指标权重相同，每个一级指标下的二级指标权重也相同。

8.2 财政体制垂直失衡与经济性公共品供给

通过图 8-1、图 8-2 发现,无论是由于地方政府承担了过多央地共担支出造成的财政体制垂直失衡(VFI_2),还是包含了应由中央承担支出后造成的财政体制垂直失衡(VFI_3),对公共品供给的影响趋势基本一致,即随着财政体制垂直失衡程度的增加,政府经济性公共品的供给水平呈现先上升后下降的变化趋势。在财政体制垂直失衡程度较低时,经济性公共品供给随 VFI 的增加而增加,且增速逐渐下降;在 VFI 达到了一定的水平(拐点处)之后,经济性公共品供给水平又呈现下降趋势,且降幅逐渐增大。

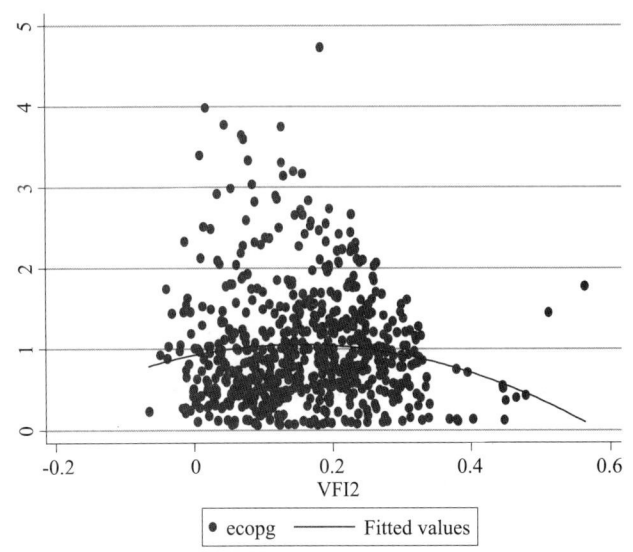

图 8-1 财政体制垂直失衡与经济性公共品供给(VFI_2)

对于这一现象可能的解释有以下三个方面:第一,政府的财政回应效应,即政府公共支出决策回应居民公共物品偏好和需求的程度(尹恒和杨龙见,2014)。通过前文的测度发现,财政体制垂直失衡较低的地区为东部发

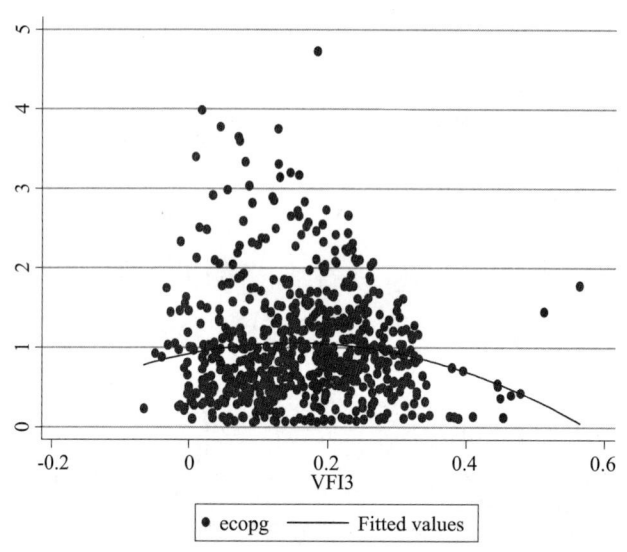

图 8-2　财政体制垂直失衡与经济性公共品供给（VFI$_3$）

达地区，有研究表明，经济发达地区的居民更偏好教育、医疗等社会性公共品（丁菊红和邓可斌，2008）。在财政回应效应的影响下，地方政府出于满足辖区居民偏好的考量，在满足经济性公共品基本需要的基础上，会增加对社会性公共品的供给，从而使得经济性公共品供给水平处于相对较低水平。第二，政治晋升和地区竞争效应。随着财政体制垂直失衡的不断加深，地方自有财力趋紧，财政回应效应减弱。在政治晋升和地区竞争的压力下，政府会将更多的财政资金投入短期见效快、收益高的基础设施等经济性公共品领域中，使得这一阶段的经济性公共品供给增加，这种趋势一直持续到财政体制垂直失衡达到拐点时。当突破这一拐点后，经济性公共品供给水平又开始下降。这种非线性的影响可能是由于政府除了经济性考核之外，还有诸如九年义务教育、优抚安置等硬性考核压力。地方政府在财力有限的情况下，为满足硬性考核项目开支，不得不暂时降低经济性公共品的供给。第三，财力约束效应。财政体制垂直失衡较严重的地区多为西部欠发达地区，政府自有财力有限，财政回应效应较弱。为了完成经济增长任务，尽管已将仅有的财力更多地投入到基础设施和日常的行政管理支出上，但经济性公共品供给仍捉襟见肘。

8.3 财政体制垂直失衡与社会性公共品供给

如图 8-3、图 8-4 所示,与经济性公共品供给恰恰相反,随着财政体制垂直失衡程度的增加,社会性公共品供给的水平在经历了小幅下降后,又快速上升。通过前文的分析发现,在财政体制垂直失衡程度较低时,地方政府有更多的资金投入到社会性公共品中,因此社会性公共品供给水平较高。然而,公共部门的资源是有限的,各支出项目间存在着一定的竞争关系(龚锋和卢洪友,2009),当财政体制垂直失衡程度加深时,地方在晋升考核和地区竞争压力下,会增加经济性公共品供给,因此,社会性公共品会出现一定的下降。但下降幅度并不太大,这一方面是因为社会性公共品项目刚性需求较强(李永友和张子楠,2017),另一方面,部分社会性公共品支出本身就是硬性支出,政府不能因为财力受限而随意削减。

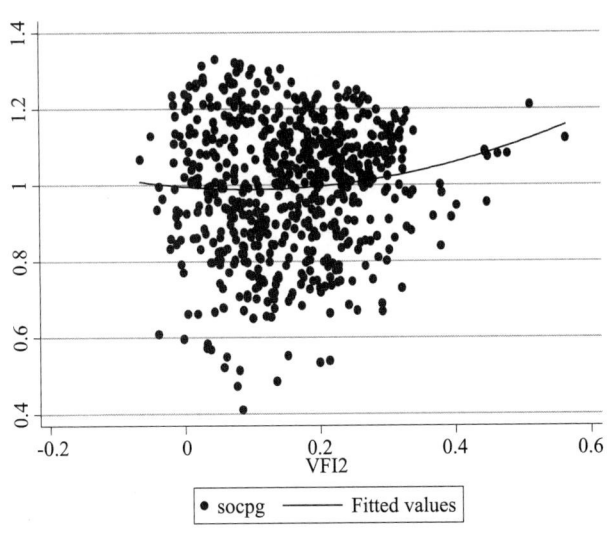

图 8-3 财政体制垂直失衡与社会性公共品供给(VFI_2)

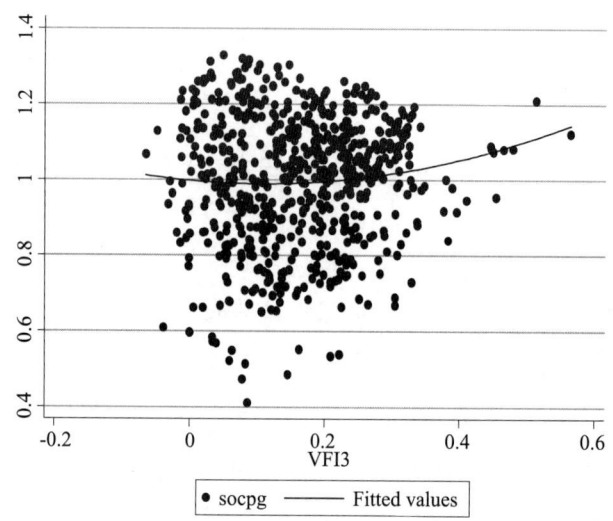

图 8-4　财政体制垂直失衡与社会性公共品供给（VFI_3）

一个有意思的发现是，财政体制垂直失衡越严重，社会性公共品的供给水平反而越高，这背后的原因是什么呢？在前文对 VFI 的测算中，我们主要将地方现有收入和各项支出纳入计算，而中央对地方政府转移支付的一大部分——专项转移支付并未考虑进来，因为这部分转移性收入并不能由地方政府根据地方发展需要随意支配，带有一定的政策目标性和引导性。研究表明，财政体制垂直失衡程度最为严重的欠发达地区往往不愿增加社会性公共品的供给，因此，超过 40% 的专项转移支付投入到了西部地区（范子英和张军，2013），而专项转移支付资金主要用于支农、教科文卫、社会保障等社会性公共品供给（贾康和赵全厚，2008），这就使得西部社会性公共品供给水平有了较大提升。范子英和张军（2013）的研究支持了这一观点，他们发现，中央政府通过专项转移支付促进公共品供给的效应在西部地区更加显著，也会改善西部地区社会公共品短缺的问题。

8.4 一个拓展：财政体制垂直失衡的最适水平
——基于经济性公共品供给的探讨

由于多级政府体制下各级政府所处地位、干预经济的范围和效率以及实施的政策工具不同，加之各国的制度环境和国家治理目标的差异，各级政府财政职能配置和侧重点也应是动态调整和变化的，同时也必须对传统财政分权理论（TOM 模型）中有关政府间职能划分的原则进行修正和完善。所以在这个意义上，政府职责的垂直分工及其对应的支出职责，在各国都会存在差异，即使在同一国国家，不同发展阶段，政府间职责垂直配置及其各自支出责任也存在较大差异。正因如此，在经验上，无法为一个国家某个时期财政分权体制确定一个良好的标准参照，只能在理论基础上，遵循一定原则寻求一个适度分工的制度安排。与此相对应的，各国财政体制的垂直失衡状态也就不会有一个统一的标准予以判定，同样只能根据需要通过权衡利弊确定一个适度失衡水平。

实际上，在理论上，财政体制垂直失衡的出现是由于政府间职责偏离了某种"令人满意的"非对称状态（或称为垂直财政非对称，Vertical Fiscal Asymmetry，即 VFA）。这种"令人满意的"非对称状态相伴财政分权而生，是财政体制安排中无法避免的，因而也可以称为"适度失衡"，这也是作为判定财政体制垂直失衡适度水平的基准。现实的财政体制只有尽可能地接近或者达到 VFA，才能被认为财政体制垂直失衡接近于适度水平。

然而，超越适度水平的失衡显然是不符合效率准则的。因为财政体制界定的是政府间权责关系，财政体制垂直失衡说白了就是政府间发生了较严重的权责不等。根据最优决策理论，任何一个行为主体在发生权责不等时，所做出的决策必然是违背效率的。对中国而言，实际上很大程度上源于中国财政体制过度失衡。因为各级政府的权责不等，所以在收支行为上必然表现出某种扭曲。由于中国是一个政府主导型经济社会治理模式，所以政府收支行为的扭曲，必然造成私人部门决策从整个社会看来的非理性。所以最小化财政体制垂直失衡程度，理应成为财政体制改革重点研究的问题。通过最小化失衡程度，保证各级政府职责及其对应的支出责任趋于最优配置状态。然而，正如前面所述，政府职责本身是动态变化的，每个阶段国家面临的问题也有很大差异，所以纠偏失衡财政体制需要把握国家治理这个总体要求。

首先，财政职责动态调整与政府治理能力相结合。多中心治理理论表明，政府、市场和社会都可成为公共产品的供给者，以最大限度满足公众对公共产品和服务的需求。这不仅要求政府治理能力的提升（实证分析已表明我国地方政府治理能力较低，还有较大的提升空间），更需要政府职责垂直分工与横向协调相结合，尤其要发挥资源配置职能中多中心、多主体横向协作的作用。当然，即使同一级次的地方政府，处于不同时期或者不同地域，其承担职责也应有所不同。总之，政府职责垂直分工及其支出责任分配需要适应并服务于国家治理和现代财政制度建设的需要。

其次，支出责任适度上移与建立有效的支出责任分担机制。我国分税制改革后央地收支格局变化并不同向，中央财权集中、财力上移并未伴随职责、支出责任的上移，这直接导致了中央和省级政府间财力和支出责任的不匹配，支出分权过度而收入分权不足的格局。因此，对于部分外溢性强的、关乎社会和谐稳定的重大基础设施项目的建设，支出责任应向中央政府或省级政府上移，尽可能减轻低层级政府的财政支出压力。对于委托职责和转移职责而言，由于地方政府财力有限、转移支付资金使用不规范以及履职的积极性不高等问题，中央政府不仅要强化对转移支付资金使用效率的评估，更要明确其担保和援助责任。当然，对于部分收入分配效应强的支出责任，例如义务教育、医疗卫生和社会保障，要明确中央政府的分担责任以及具体的分担比例。此外，需要弱化地方政府代理人角色和强化地方政府独立决策权。因为弱化地方政府的代理人角色，能激发地方政府履职尽责的积极性。

为此，需要规范和强化地方政府在初次财政收入分配中的地位，确立稳定而持续的地方税主体税种，尽可能保证地方政府所承担职责与其所需要的融资权相一致。

政府存在的重要作用就是提供经济社会发展所需要的公共产品，而在一个多级政府体下，这一职责是需要多级政府共同完成的，这意味着，层级政府之间需要有适度分工，确保权责一致，以保证履责效率。所以失衡的财政体制，如果超出合理限度，就必然会伤害政府积极性，甚至会扭曲政府行为，导致公共品不能有效供给。所以通过观察财政体制垂直失衡与公共品供给关系也能判定体制失衡是否超出了限度。为此，这部分基于经济性公共品供给，利用省级面板数据对财政体制垂直失衡是否超出适度进行实证考察。经验证据表明，财政体制垂直失衡是财政分权体制所固有的一种现象，这也就意味着，财政体制垂直失衡不会完全消除。但财政垂体制直失衡过大，也会导致软预算约束、过分重效率而轻公平等问题，因此，是否存在一个最适水平，在这个最适水平上，尽管存在一定的财政体制垂直失衡，但政府的财政支出却是有效的？经过前文的统计分析发现，财政体制垂直失衡与公共品供给存在非线性关系，这也就为我们寻找财政体制垂直失衡的最适水平提供了一个良好的契机。由于篇幅所限，这里我们仅从经济性公共品的视角切入，来探讨财政体制垂直失衡的最适水平。

8.4.1 实证策略

这部分基于经济性公共品供给，利用省级面板数据对财政体制垂直失衡的最适水平进行实证考察。实证部分构造的面板数据时间跨度为1994—2015年，因西藏地区缺失数据较多，将其剔除。本书样本涵盖了中国30个省级行政单位。实证分析的基准模型为（8.1）式，其中，$vfi_{i,t}$为本书核心变量——财政体制垂直失衡，x为控制变量，为考察财政体制垂直失衡对经济公共品供给的非线性影响，加入平方项$vfi_{i,t}^2$。

$$y_{i,t} = \alpha_0 + \alpha_1 vfi_{i,t}^2 + \alpha_2 vfi_{i,t} + \sum_j \beta_j x_{ij,t} + \varepsilon_{i,t} \qquad (8.1)$$

在 (8.1) 式中，因变量 $y_{i,t}$ 为地方政府经济性公共品供给，这里用经济性公共品供给综合指数来表示，指数的构造方法在上一部分有详细介绍，这里不再赘述。对于核心解释变量 $vfi_{i,t}$，分别用 VFI_2 和 VFI_3 来刻画，两个变量的定义和计算方法见前文。变量的统计描述如表 8-1 所示。

表 8-1　　　　　　　　　　变量的统计描述

变量名称	样本量	均值	标准差	最小值	最大值
vfi_{2i}	655	0.16	0.10	-0.06	0.56
vfi_{3i}	655	0.16	0.10	-0.06	0.56
ecopg	658	1.00	0.71	0.06	4.73
lpgdp	657	9.55	0.96	7.35	11.59
edu	657	7.97	1.25	0.78	12.08
ynjz	657	92.74	44.62	16.00	183.00
cityh	657	46.04	16.14	19.85	89.60
grtax	656	5.15	2.08	0.15	12.48

注：表中 vfi_{2i}、vfi_{3i} 分别为财政体制垂直失衡的两种表现形式。经济性公共品（ecopg）用构造的综合指数来表示，lpgdp 为取对数后的人均 GDP，edu 为居民教育程度，ynjz 为域内竞争程度，cityh 为城市化水平，grtax 为个人所得税占比。

参照前文引述的实证文献，将控制变量 x 设置为人均 GDP、居民受教育程度、域内竞争程度、城市化水平和地区内税收收入结构。实证数据来源于《中国统计年鉴》《中国财政年鉴》及《中国税务年鉴》。

在估计方法的选择方面，使用固定效应模型对式 (8.1) 进行估计。

8.4.2　实证结果与分析

表 8-2 呈现了财政体制垂直失衡与经济性公共品供给的回归结果，Hausman 检验拒绝随机效应假设，因此，回归结果解读、后文地区效应分析和稳健性检验均选取固定效应模型进行回归。基准回归结果与我们上文中的

分析一致：财政体制垂直失衡对经济性公共品供给的影响在1%水平上显著，且呈倒U形。$vfi_2{\hat{}}2$的系数为-3.3190，vfi_2的系数为1.2682，也就是说，当VFI_2的值为0.1911时，地方政府的经济性公共品供给可以达到最优。类似地，我们可以得到VFI_3的最适水平0.1841。通过前文对各地区财政体制垂直失衡的测度来看，东北和西部地区的VFI_2、VFI_3均大于财政体制垂直失衡最优水平。尽管中央对东北和西部地区的转移支付力度较大，但由于转移支付的替代效应，以及专项资金专项使用等原因，地方经济性公共品供给仍处于较低水平。

表8-2 财政体制垂直失衡与经济性公共品供给基准回归结果

	VFI_2		VFI_3	
	FE	RE	FE	RE
vfi^2	-3.3190***	-3.6640***	-3.0972***	-3.4341***
	(-3.55)	(-3.74)	(-3.25)	(-3.45)
vfi	1.2682***	1.3492***	1.1981***	1.2798***
	(3.09)	(3.19)	(2.81)	(2.92)
lpgdp	0.2272***	0.3664***	0.2266***	0.3662***
	(4.92)	(8.87)	(4.91)	(8.87)
edu	0.0045	-0.0107	0.0043	-0.0107
	(0.17)	(-0.39)	(0.16)	(-0.39)
ynjz	-0.0083***	0.0099***	-0.0083***	0.0099***
	(-3.38)	(8.76)	(-3.38)	(8.77)
cityh	0.0310***	0.0146***	0.0311***	0.0146***
	(6.87)	(3.94)	(6.89)	(3.94)
grtax	-0.0161**	-0.0192***	-0.0160**	-0.0191***
	(-2.40)	(-2.73)	(-2.37)	(-2.69)
_cons	-1.8568***	-3.9931***	-1.8504***	-3.9902***
	(-6.47)	(-20.72)	(-6.45)	(-20.75)
F	206.78***	1290.58***	205.86***	1284.60***
R^2	0.7015	0.6661	0.7005	0.6650
Hausman test	81.25***		81.16***	

表 8-3 呈现了财政体制垂直失衡对经济性公共品供给影响的地区效应。我们发现，这种倒 U 形的影响在东部地区尤为显著，而在中部、西部及东北地区并不显著。但从 vfi^2、和 vfi 的系数来看，也呈现出倒 U 形曲线。一个可能的解释是，东部地区经济水平较高，地方政府的经济性公共品供给弹性较大。在财政回应效应的驱动下，地方政府会为了积极满足居民的福利性支出需求削减部分经济性公共品支出；而当来自晋升等方面的压力增大时，也可以调整支出，偏向经济性公共品。与之相较，中部、西部和东北地区或缘于分权激励热衷经济性公共品，或缘于财力有限无力支撑较高水平的经济性公共品支出，因此，弹性较小，使得 VFI 对这些地区的影响不如东部地区强烈。

表 8-3　财政体制垂直失衡对经济性公共品供给影响的地区效应（VFI_3）

	东部	中部	西部	东北
vfi^2	-3.7896**	-8.2828	-0.6982	-0.5361
	(-2.16)	(-1.61)	(-0.70)	(-0.38)
vfi	2.2910***	2.8638	0.1941	0.5662
	(2.95)	(1.59)	(0.40)	(0.96)
lpgdp	0.4219***	0.4228**	0.3163***	0.1326***
	(3.79)	(2.68)	(4.99)	(5.67)
edu	-0.1120	0.0810	-0.0769*	-0.0011
	(-1.63)	(0.87)	(-1.83)	(-0.13)
ynjz	-0.0564***	-0.0052	0.0040	0.0003
	(-5.06)	(-0.83)	(0.86)	(0.37)
cityh	0.0283***	0.0012	0.0155**	0.0551***
	(3.28)	(0.08)	(2.30)	(10.09)
grtax	-0.0121	-0.0504***	-0.0073	-0.0354***
	(-0.84)	(-3.46)	(-0.92)	(-5.61)
_cons	0.6309	-2.7786**	-2.4745***	-3.2456***
	(0.54)	(-2.52)	(-4.51)	(-25.73)
F	81.29	57.72	108.44	234.03
R^2	0.7399	0.7725	0.7753	0.9669

从全国水平来看，人均 GDP 和城市化水平的提升会增加地方经济性公共品供给，而域内竞争和个人所得税占比越高，经济性公共品供给越低。分地区来看，域内竞争对东部地区经济性公共品供给的影响较强；城市化水平对东、西和东北地区经济性公共品供给的影响较强；而个人所得税的负向影响在中部和东北地区较强。

8.4.3 进一步讨论

由于财政体制垂直失衡具有一定的惯性特征，上一期的 VFI 可能会对基期的经济性公共品供给造成影响，我们将在式（8.1）中加入 VFI 的一阶滞后项以检验这种影响。此外，前文中观察 VFI 变化趋势时发现，财政体制垂直失衡受到宏观经济环境和政府决策的影响，因此，接下来，将在模型（8.1）中加入 1997 年（亚洲金融危机）、2008 年（美国次贷危机）和 2013 年（"营改增"）三个年份的虚拟变量来分析外部冲击对经济性公共品供给的影响。再者，如前义所述，政府竞争会导致经济性公用品供给的增加，这里，我们借鉴陈硕（2010）的研究，加入了 FDI（实际利用外资中的外商直接投资）变量来控制这一影响，这里用取对数后的人均外商直接投资来表示。估计结果见表 8-4。

表 8-4　财政体制垂直失衡对经济性公共品供给影响的稳健性检验估计结果

	VFI_2			VFI_3		
	(1)	(2)	(3)	(4)	(5)	(6)
vfi^2	-3.7907*** (-3.90)	-2.6974*** (-2.85)	-2.6390*** (-2.79)	-3.6185*** (-3.63)	-2.4964*** (-2.57)	-2.4658** (-2.54)
vfi	1.8781*** (4.14)	1.3364*** (2.92)	1.3573*** (2.97)	1.8610*** (3.92)	1.2783*** (2.67)	1.3132*** (2.75)
L.vfi	-0.5321** (-2.46)	-0.7160*** (-3.48)	-0.6736*** (-3.27)	-0.5669*** (-2.58)	-0.7324*** (-3.51)	-0.6880*** (-3.30)

续表

	VFI$_2$			VFI$_3$		
	(1)	(2)	(3)	(4)	(5)	(6)
lpgdp	0.2226*** (4.40)	0.0513 (0.85)	0.0292 (0.48)	0.2214*** (4.38)	0.0477 (0.78)	0.0262 (0.43)
edu	0.0080 (0.27)	-0.0003 (-0.01)	0.0042 (-0.15)	0.0083 (0.28)	0.0002 (0.01)	0.0046 (0.16)
ynjz	-0.0082*** (-3.13)	-0.0069*** (-2.78)	-0.0077*** (-3.10)	-0.0081*** (-3.11)	-0.0068*** (-2.76)	-0.0077*** (-3.09)
cityh	0.0331*** (6.89)	0.0319*** (6.90)	0.0290*** (6.06)	0.0332*** (6.91)	0.0321*** (6.93)	0.0292*** (6.08)
grtax	-0.0104 (-1.45)	0.0229*** (2.78)	0.0238*** (2.89)	-0.0100 (-1.38)	0.0233*** (2.81)	0.0241*** (2.91)
dummy1997		-0.0454 (-0.93)	-0.0434 (-0.90)		-0.0410 (-0.84)	-0.0396 (-0.81)
dummy2008		0.2128*** (4.10)	0.2044*** (3.94)		0.2135*** (4.11)	0.2047*** (3.94)
dummy2013		0.2925*** (7.57)	0.2997*** (7.75)		0.2939*** (7.60)	0.3010*** (7.78)
lpfdi			0.0003** (2.16)			0.0003** (2.17)
_cons	-1.9817*** (-6.38)	-0.5114 (-1.28)	-0.2480 (-0.60)	-1.9815*** (-6.39)	-0.4934 (-1.23)	-0.2317 (-0.56)
F	174.36***	149.21***	138.02***	173.78***	148.81***	137.68***
R^2	0.7052	0.7389	0.7410	0.7045	0.7384	0.7405

注：***、**和*分别表示在1%、5%和10%的显著性水平上通过显著性检验。

表 8-4 中，第（1）—（3）列是在 VFI$_2$ 与经济性公共品的基准回归方程中依次加入滞后项、年份虚拟变量和地区竞争变量的回归结果，第（4）—（6）列是在 VFI$_3$ 的基准回归方程中依次加入上述变量的回归结果。结果显示，财政体制垂直失衡对经济性公共品供给的影响依然显著呈现倒 U 形，与前文估计结果一致。此外，我们还发现，上一期的财政体制垂直失衡

程度对当期经济性公共品供给具有显著的负向影响,域内竞争越激烈,经济性公共品供给越低;与之相反,城市化水平越高,经济性公共品供给水平越高。

8.5 本章小结

财政体制垂直失衡是一个世界性现象,这就意味着,一定程度的体制失衡有其合理性。因为一定的体制失衡是确保职责垂直分工和税收征收效率的一个必要代价。但超过限度的失衡必然会伤及失衡地区地方政府的积极性,同时也会扭曲上级政府治理行为。本章的实证表明,中国财政体制垂直失衡程度远超适度水平。计量分析的结果显示,财政体制垂直失衡对经济性公共品供给的影响在1%水平上显著,且呈倒U形。VFI_3的最适水平0.1841。通过对各地区财政体制垂直失衡的测度来看,东北和西部地区的VFI_2、VFI_3均大于财政体制垂直失衡最优水平。这就意味着,为了更好地激励地方政府公共品供给行为,需要在降低财政体制垂直失衡上做出努力。

然而,减弱财政体制垂直失衡程度并不是一件容易的事。所以从根本上解决中国财政体制超越适度的垂直失衡,关键还是需要厘清政府间职责分工,在此基础上,确定与之相适应的税收制度及其征税权分配。然而,这对中国来说,显然是一个长期任务,而就当下看,这一比较可行的方法,就是优化现有的财政体制垂直失衡纠偏机制,以尽可能减弱纠偏机制产生的进一步扭曲,在此基础上,还需要实现纠偏机制对体制失衡激励扭曲的纠正。

第 9 章

研究结论、政策建议与研究展望

9.1 研究结论

本书在对中国财政体制垂直失衡进行定义和测度的基础上,分析了其形成机制,并系统评估了财政体制垂直失衡对地方政府行为的激励效应,得到了一些有意义的结论:

第一,中国财政体制垂直失衡问题的研究应立足中国的财政分权体制实际,不能简单地套用西方的概念和测度方法。本书认为,中国的财政体制垂直失衡应该界定为:在中国分税制改革和政治集权背景下,中央和地方政府事权、支出责任及执行责任的分离所导致的地方政府分担得较多的事权、支出责任、中央委托代办及央地共同办理的执行责任与较少的自有财力之间的不平衡格局。在此基础上,本书区分出地方本级支出中应由地方政府承担完全支出责任的支出、应由中央和地方政府共同承担的支出和地方政府不该承担的支出(即应由中央政府承担完全支出责任的支出),计算其与地方政府现有收入的差额,进一步得出中国的财政体制垂直失衡程度。研究发现,1994—2015 年,VFI_1 在 -0.9921 至 -0.5634 之间波动,均值为 -0.7411;VFI_2 的波动范围为 0.0617—0.2084,均值为 0.1367;VFI_3 的波动范围为 0.0623—0.2101,均值为 0.1399。分地区来看,东北和西部地区的 VFI_2 和 VFI_3 水平较高。研究结论表明:中国的财政体制垂直失衡呈现整体上升趋势;央地共担支出及本不应由地方政府承担的支出的增加是导致财政体制垂直失衡的主要原因;东北和西部地区的财政体制垂直失衡程度较深。

第二,研究发现,在控制相关影响因素后,财政体制垂直不平衡主要是由体制本身所造成的,但除此之外,预算约束软化机制也是一个重要影响机制,预算约束软化程度上升显著加深了财政体制垂直不平衡程度。相比较,原本认为会对财政垂直不平衡有影响的晋升竞争机制,却并没有对财政垂直不平衡产生显著影响。考虑地区异质性因素,西部地区财政体制垂直失衡受体制的影响程度较大,在考虑体制因素影响的情况下,晋升竞争对东部地区的财政体制垂直失衡有着较强的正向激励,即东部地区的晋升竞争更容易引起地方政府扩大支出,从而导致财政体制垂直失衡程度的加深。从软预算约束的影响来看,对东部地区的财政体制垂直失衡的影响显著为正,而对中西部地区的影响并不明确。积极财政政策的实施在一定程度上抑制了软预算约束及晋升竞争对财政体制垂直失衡的影响,但仍未削弱这两者本身对地方政府增支的正向影响。

第三,中国的财政体制垂直不平衡增加了地方政府支出需要压力,进而激励了地方政府举债融资,而在预算法约束下,地方政府的举债融资激励主要体现在预算法框架外的平台举债行为。财政体制垂直不平衡对地方政府的影响成为许多分权体制国家极力解决财政垂直不平衡的重要原因。转移支付本身作为矫正财政体制不平衡的重要机制,理论上应该能够弱化或者在一定程度上缓解财政体制垂直失衡的扭曲效应。本书的研究证实了这一观点。无论是转移支付整体,还是从财力性和专项转移支付来看,都对财政体制垂直失衡发挥了较强的矫正功能,其中,财力性转移支付的矫正效果更为显著。

第四,1994年的分税制改革在大幅提升两个比重,调动中央和地方两个积极性方面取得了较大的成就,但由此产生的财政体制垂直失衡却扭曲了地方政府的财政纪律,这一影响主要是通过转移支付形成的公共池效应和软预算约束产生的。本书检验了财政垂直失衡对地方政府征税行为的影响。我们发现,财政体制垂直失衡显著降低了财政总收入和税收总收入,论证了我们关于财政体制垂直失衡会损坏地方财政纪律的假设,具体表现为地方财政征收努力的下降。我们又进一步区分了地方税征收和共享税征收行为,发现财政体制垂直失衡对地方税征收的影响较为显著,而对共享税的征收并没有太大影响。

第五,财政体制垂直失衡是一个世界性现象,这就意味着,一定程度的体制失衡有其合理性。因为一定的体制失衡是确保职责垂直分工和税收征收效率的一个必要代价。但超过限度的失衡必然会伤及失衡地区地方政府的积极性，同时也会扭曲上级政府治理行为。本书实证检验财政体制垂直失衡对地方政府经济性公共品供给的影响，计量结果显示，财政体制垂直失衡对经济性公共品供给的影响在 1% 水平上显著，且呈倒 U 形。VFI_3 的最适水平 0.1841。通过对各地区财政体制垂直失衡的测度来看，东北和西部地区的 VFI_2、VFI_3 均大于财政体制垂直失衡最优水平。这就意味着，为了更好激励地方政府公共品供给行为，需要在降低财政体制垂直失衡上做出努力。

9.2　政策建议

9.2.1　财政体制改革需关注的问题

研究表明，财政体制垂直失衡会增加地方政府举债融资，减少税收征收努力，并降低公共品的供给效率，所以消除财政体制垂直不平衡的加深机制，重构财政体制垂直不平衡的纠偏机制，应成为中国财政体制改革亟待研究的问题。当然，在本书研究中，我们并不是说要消除财政体制垂直不平衡，因为不仅垂直不平衡是所有多级政府体制国家的普遍现象，而且也是符合效率的制度安排，这一点已为研究所论证。所以就财政体制改革本身而言，消除体制垂直不平衡不是目标，而是要让体制所确立的政府间权责关系更加明晰，更加具有约束力。在此基础上，重构不平衡的纠偏机制，并消除体制垂直不平衡的加深机制。具体而言，财政体制改革需要关注如下问题。

第一，重构政府间收入分配关系，让分税制真正成为这种分配关系的基础，消除财政收入向上集中和过度运用转移支付的空间。随着中国"营改增"的结束，地方税在中国似乎变得不再重要，分税制也逐渐变得名存实亡。尽管"营改增"之后，分成比例也发生了有利于地方的调整，但这已经脱离了分税制的本质，近似走向分成制。虽然到目前为止，我们还无法评论这种调整的各种影响，但至少有一点是可预期的，就是下级政府对上级政府的依赖性将会增强。这不仅会从体制上扩大财政垂直不平衡程度，而且在体制之外，通过激发软约束和道德风险，增强财政垂直不平衡的扭曲效应。所以，对中国而言，财政体制改革需要真正落实分税制。

第二，法治化中央和地方政府事责和成本补偿责任分担机制。建立与事权相适应的支出责任是中央提出的财政改革未来方向，这本身是完全正确的。但这一改革需要依赖一个前提，就是政府事责必须明确，在此基础上，依据效率原则配置政府事责，让各级政府真正明确，哪些是本级政府当然责任，哪些是本级政府委托或受托责任，哪些是与其他政府共担责任。唯有如此，才有可能确立明确的政府间收入需要和转移支付方式，建立起与事责真正一致的成本分担机制。

第三，建立政府综合财务报告制度，严格政府信息公开程序和责任。如果说体制只是约定了行为边界，即确立了行为的适当性和必要性，那么这种必要性和适当性不是天然就会具备，需要外部监督机制。对各级政府而言，无论是中央政府，还是地方政府，是否按照体制约定的关系和权力边界履行经济社会治理职责，关键是需要充分信息作为基础。这个信息不仅是各级政府检验自己，约束自己的需要，也是外部监督力量发挥作用的前提。通过这样，从机制上消除晋升激励和软约束对体制垂直不平衡的加深机制。

9.2.2 改革的路径

党的十八届三中全会要求"建立事权和支出责任相适应的制度"，党的十九届四中全会要求"建立权责清晰、财力协调、区域均衡的中央和地方财政关系，形成稳定的各级政府事权、支出责任和财力相适应的制度"，党的十九届五中全会提出了"到二〇三五年基本建成法治国家、法治政府、法治社会"的远景目标，这些都为我国财政和支出责任划分改革指明了方向。接下来，我们将从事权、支出责任以及转移支付制度等方面提出改革的路径。

9.2.2.1 科学界定政府间财政事权

首先，应遵循法治的原则来规范政府、市场和社会三部门的职能范围。"政府天然具有干预市场的内在倾向"[①]，且由于中国计划经济的惯性，这种倾向更加突出。因此，我们应通过《预算法》明确各级政府财政事权。结合当前的财政运行实践，在将一部分事权向上集中到中央的同时，还应通过法律明确中央委托地方的财政事权。

其次，要通过实体化方式加强中央和地方事权（楼继伟，2018）。按照事权属性，涉及国家主权、经济总量平衡和区域协调发展、全域要素流动等领域的事务，必须要完整集中到中央，为避免在事权履行过程中因"中央发令、地方执行"导致的权利不清、责任不明、推诿扯皮、效率低下等问题，要通过实体化方式，改组或设立专门的机构和人员队伍，负责具体事务的执行。特别是在国防、外交、国家安全、职工社会保险等关系全国统一市场、海域和海洋使用管理、食品药品安全、生态环境安全、跨区域司法管理等领域，在维护中央决策权的同时，要重点强化中央的执法权，合理配置机构，增强执法一致性，提高行政效能。省以下的事权调整也应遵循实体化的原则，同时深化行政执法体制改革，按照减少层次、整合队伍、提高效率的原则，推进综合执法，合理配置执法力量。通过上述努力，推动从"计划经济分权制"向"市场经济分权制"转变，最终形成"原则上谁的事权就由谁的队伍（含派出机构）执行"的实体化职能配置模式，从而建立决策和执行相统一、权利和责任相一致、事权和支出责任相适应的体制机制。

再次，应减少并规范中央与地方共同财政事权。针对现阶段中央与地方共同财政事权过多且不规范的情况，应根据基本公共服务的受益范围、影响

[①] 卢洪友，张楠. 政府间事权和支出责任的错配与匹配 [J]. 地方财政研究，2015（5）：9.

程度、事权构成、实施环节等细化各级政府承担的职责，避免由于职责不清造成互相推诿。

最后，建立财政事权划分动态调整机制。逐步将全国范围内环境质量监测等基础性、战略性基本公共服务上划为中央的财政事权。同时，还应结合市场经济体制改革实际，按照市场在资源配置中的决定性作用，将应由市场供给的公共品交给市场提供。

9.2.2.2 规范政府间事权划分与调整

法治政府建设是全面依法治国的重点任务和主体工程，是推进国家治理体系和治理能力现代化的重要支撑。《法治政府建设实施纲要（2021－2025年）》中明确，要加快构建职责明确、依法行政的政府治理体系，全面建设职能科学、权责法定、执法严明、公开公正、智能高效、廉洁诚信、人民满意的法治政府，并提出"到2025年，政府行为全面纳入法治轨道"的总体目标。当前，我国政府间事权划分的法律基础依然薄弱，从已有法律来看，宪法中规定了"中央和地方的国家机构职权的划分，遵循在中央的统一领导下，充分发挥地方的主动性、积极性的原则"，中央和省级政府的职权划分由国务院规定。在具体的实践过程中，也多以文件形式来界定，上收下放频繁，留下了讨价还价的空间，法律权威性和约束力不够。十九届五中全会提出了"到二〇三五年基本建成法治国家、法治政府、法治社会"的远景目标，具体到事权划分层面，应在宪法中予以明确，在各相关单行法律中具体规定该领域的事权划分，并通过法律的权威性来保证事权划分的稳定性和连续性。

9.2.2.3 合理划分中央与地方支出责任

在事权界定清晰的基础上合理划分中央和地方政府的支出责任划分。属于中央财政事权范围内的支出，应当由中央财政安排经费，不得要求地方安排配套资金。由中央委托地方行使的财政事权，中央要通过专项转移支付予以支持；属于地方财政事权范围内的支出应由地方通过自有财力安排，无法通过自有财力支撑的部分，可通过依法发债及一般性转移支付来弥补；属于中央与地方共同财政事权范围内的支出应视具体情况来划分支出责任：对于体现国民待遇和公民权利、涉及全国统一市场和要素自由流动的财政事权，应由中央承担主要支出责任；对受益范围较广、信息相对复杂的财政事权，应根据财政事权外溢程度，由中央和地方按比例或中央给予适当补助方式承担支出责任。

9.2.2.4 积极探索收入划分体系改革

当前，我国政府土地收入的可持续性正在经受严峻的考验，税制结构也在不断地优化，税收收入、非税收入以及政府性基金收入等收入在财政收入中的地位仍需进一步明确。大规模的减税降费对地方财力造成了较大的压力，为了缓解这一压力，国家出台了一系列政策，但这些政策可能是零散的，最终政策应加以制度化（杨志勇，2019）。此外，还可以通过健全地方税体系提升地方财力。Boadway 等（2003）、Tsui（2005）、Kim（2014）及 Qian 和 Zhang（2018）认为，调整财权划分方式，提高地方政府的税收分享比例有助于缓解财政失衡。地方税体系的核心载体是给予地方政府相应的税收管理权、立法权及税率确定权（马海涛等，2020），一方面，需要培育壮大地方税税源。邓金钱和张娜（2021）认为，应分阶段选择和培育地方主体税种，建立以企业所得税、消费税等为地方主体税种，以环保税、资源税等为地方辅助税种的地方税体系。同时，积极稳妥地推进房地产税改革，优化税收结构，科学整合土地增值税、城市土地使用税和房产税，并逐步培育成地方主体税种。此外，还可以考虑将部分条件成熟的中央税种作为地方收入，缓解地方财政压力，赋予地方更多自主权。另一方面，要坚持财政法治，积极开展地方税立法，稳步推进包括房地产税在内的相关税种立法，为地方税的征收提供法律依据。张克忠等（2021）研究发现，增值税分享改革缓解了"营改增"对地方政府财力的冲击，减轻了纵向失衡程度，但仍然没有使中央和地方的相对财力格局回到"营改增"前的水平。剔除"营改增"的效应后,研究发现,增值税分享改革对纵向失衡的缓解程度在东部、中部、西部存在差异,东部省份在分享改革中获得了更大的收益,西部省份相对财力差距拉大。因此,应继续完善中部西部的收入分享制度,以缓解纵向财政失衡。

9.2.2.5 改革完善转移支付制度

国务院《关于改革和完善中央对地方转移支付制度的意见》中指出[①],"未来中央对地方的转移支付将以一般性转移支付为主体,完善一般性转移支付增长机制,清理、整合、规范专项转移支付,严格控制专项转移支付项目和资金规模,增强地方财政的统筹能力"。

在优化转移支付结构方面,应发挥一般性转移支付在均衡地区间基本财力、由地方政府统筹安排方面的优势,形成一般性转移支付和专项转移支付相结合的转移支付制度。在完善一般转移支付制度方面,建立以均衡性转移支付为主体、以老少边穷地区转移支付为补充并辅以少量体制结算补助的一般性转移支付体系。同时,建立一般性转移支付稳定增长机制。增加一般性转移支付规模和比例,逐步将一般性转移支付占比提高到60%以上[②],确保均衡性转移支付增幅高于转移支付的总体增幅。完善专项转移支付,建立健全定期评估和退出机制,严格控制新设专项,取消地方资金配套要求并逐步取消竞争性领域专项转移支付。

此外,中央政府还应改变行政性的分配方式,将地方的财政纪律作为确定转移支付规模的重要参考因素,健全财政转移支付实践中的问责、监督和惩罚机制等,在加强转移支付法治化的基础上,配合政府预算体制改革,逐步形成规范、科学、透明的转移支付分配制度(杜彤伟等,2019)。

---

① 国务院:《关于改革和完善中央对地方转移支付制度的意见》(国发〔2014〕71号)。
② 同①。

9.2.2.6 完善地方官员考核制度

降低财政纵向失衡程度仅着眼于事权与支出责任的合理划分是不够的，同时还要注重改进与优化地方政府官员过度追求经济增长与政治晋升的政绩考核标准（辛冲冲等，2021），建立多元化的政绩考核评价体系，将民生政绩及有关财政和经济可持续等方面的指标纳入现行的考核指标体系中，减弱其过度支出倾向，从根本上改变以经济增长为导向的地方政府政绩诉求。

9.3 研究不足与展望

本书对中国财政体制垂直失衡进行测度，并从财政体制垂直失衡对地方政府举债融资、征税努力、公共品供给三个方面系统评估了财政体制垂直失衡对地方政府行为的激励效应，对于财政体制垂直失衡理论的完善及财政体制改革具有一定的借鉴意义。本书尽管得到了一些有意义的结论，但仍存在一些不足，有待后续进一步的完善和改进。

首先，对财政体制垂直失衡的地方政府激励效应评估框架优化设计研究得不够。本书实际上只是探讨了财政体制垂直失衡对地方政府举债融资、征税努力、公共品供给三个方面的影响，对经济增长、收入分配等方面的关注不够。那么，财政体制垂直失衡是否会对经济增长和收入分配造成影响呢？这一方面将是后续拓展研究的重点。

其次，在测度财政体制垂直失衡水平时，还存在一定的缺陷，主要体现在样本选择上。在中国的财政分权改革体制下，县市级政府是地方公共品最主要的提供者，对这一层级财政体制垂直失衡问题的研究才更能反映现实问题。然而，由于数据受限，本书仅选择了省级层面的数据进行分析。另，本书统计的仅为表内数据，上级直接下拨到部门的财政资金并未列入政府收入，因此，这部分收入无法纳入公式进行测算。对这些问题的研究具有较强理论意义，需要后续进一步探讨。

最后，本书主要评估了财政体制垂直失衡对地方政府激励的影响，并未对企业和个人等微观主体的分析，如果能将研究对象拓展到微观层面，那么得到的结论将更加深入和细致。未来对这些方面的研究将是一个可以精细化研究的方向。

今后作者将秉承严谨的治学态度、以求真务实的精神继续深入研究。

参考文献

[1] 白天然. 财政透明度、财政垂直失衡对预决算偏离的影响 [J]. 农场经济管理, 2019 (11): 11-13.

[2] 曹婧, 毛捷, 薛熠. 城投债为何持续增长: 基于新口径的实证分析 [J]. 财贸经济, 2019, 40 (5): 5-22.

[3] 曹正汉, 薛斌锋, 周杰. 中国地方分权的政治约束——基于地铁项目审批制度的论证 [J]. 社会学研究, 2014 (3): 30-55.

[4] 曹正汉, 周杰. 社会风险与地方分权——中国食品安全监管实行地方分级管理的原因 [J]. 社会学研究, 2013 (1): 182-205.

[5] 陈洁, 赵冬缓, 齐顾波, 罗丹. 村级债务的现状、体制成因及其化解——对223个行政村及3个样本县（市）的调查 [J]. 管理世界, 2006 (5): 76-85.

[6] 陈抗, Hillman A L, 顾清扬. 财政集权与地方政府行为变化——从援助之手到攫取之手 [J]. 经济学（季刊）, 2002, 2 (4): 111-130.

[7] 陈念东, 曹海涛. 分税制改革之后政府间财政体制与我国地方债务研究 [J]. 福建论坛（人文社会科学

版），2021（6）：66-79.

[8] 陈硕. 分税制改革、地方财政自主权与公共品供给 [J]. 经济学：季刊，2010，9（4）：1427-1446.

[9] 陈志刚，吕冰洋. 中国政府预算偏离：一个典型的财政现象 [J]. 财政研究，2019（01）：26-44.

[10] 陈志勇，陈思霞. 制度环境、地方政府投资冲动与财政预算软约束 [J]. 经济研究，2014（3）：76-87.

[11] 储德银. 中国财政体制纵向失衡的测度及其非线性增长效应 [R]. 经济研究工作论文，2017.

[12] 储德银，费冒盛. 财政纵向失衡、转移支付与地方政府治理 [J]. 财贸经济，2021（2）：51-66.

[13] 储德银，邵娇. 财政纵向失衡与公共支出结构偏向：理论机制诠释与中国经验证据 [J]. 财政研究，2018（4）：20-32.

[14] 储德银，邵娇，迟淑娴. 财政体制失衡抑制了地方政府税收努力吗？[J]. 经济研究，2019（10）：41-56.

[15] 邓金钱，张娜. 中国财政体制改革的历史方位、逻辑主线与"十四五"取向 [J]. 经济体制改革，2021（3）：128-134.

[16] 邓晓兰，陈宝东. 经济新常态下财政可持续发展问题与对策——兼论财政供给侧改革的政策着力点 [J]. 中央财经大学学报，2017（1）：3-10.

[17] 丁菊红，邓可斌. 政府偏好、公共品供给与转型中的财政分权 [J]. 经济研究，2008（7）：78-89.

[18] 杜彤伟，张屹山，杨成荣. 财政纵向失衡，转移支付与地方财政可持续性 [J]. 财贸经济，2019，40（11）：7-21.

[19] 范子英, 张军. 财政分权与中国经济增长的效率——基于非期望产出模型的分析 [J]. 管理世界, 2009 (7): 15-25.

[20] 范子英, 张军. 转移支付、公共品供给与政府规模的膨胀 [J]. 世界经济文汇, 2013 (2): 1-19.

[21] 方红生, 张军. 中国地方政府扩张偏向的财政行为: 观察与解释 [J]. 经济学: 季刊, 2009, 8 (3): 1065-1082.

[22] 付敏杰. 分税制二十年: 演进脉络与改革方向 [J]. 社会学研究, 2016 (5): 215-240.

[23] 付文林, 沈坤荣. 均等化转移支付与地方财政支出结构 [J]. 经济研究, 2012 (5): 45-57.

[24] 傅勇, 张晏. 中国式分权与财政支出结构偏向: 为增长而竞争的代价 [J]. 管理世界, 2007 (3): 4-12.

[25] 傅勇. 财政分权、政府治理与非经济性公共物品供给 [J]. 经济研究, 2010 (8): 4-15.

[26] 高培勇. 关注预决算偏离度 [J]. 涉外税务, 2008 (01): 5-6.

[27] 龚锋, 卢洪友. 公共支出结构、偏好匹配与财政分权 [J]. 管理世界, 2009 (1): 10-21.

[28] 龚强, 王俊, 贾珅. 财政分权视角下的地方政府债务研究: 一个综述 [J]. 经济研究, 2011 (7): 144-156.

[29] 顾昕, 白晨. 中国医疗救助筹资的不公平性——基于财政纵向失衡的分析 [J]. 国家行政学院学报, 2015 (2): 35-40.

[30] 国家税务总局税收科学研究所. 改革开放40年

中国税收改革发展研究：从助理经济转型到服务国家治理[M]. 北京：中国税务出版社，2018，59.

[31] 郭婧，贾俊雪. 地方政府预算是以收定支吗？——一个结构性因果关系理论假说[J]. 经济研究，2017（10）.

[32] 郭庆旺，贾俊雪. 地方政府行为、投资冲动与宏观经济稳定[J]. 管理世界，2006（5）：19-25.

[33] 郭玉清，何杨，李龙. 救助预期、公共池激励与地方政府举债融资的大国治理[J]. 经济研究，2016（3）：81-95.

[34] 郭玉清，姜晓妮，刘俊现. 体制压力下的城投债扩张机制研究——基于治理转型视角[J]. 现代财经，2021（5）：3-18.

[35] 胡祖铨，黄夏岚，刘怡. 中央对地方转移支付与地方征税努力——来自中国财政实践的证据[J]. 经济学：季刊，2013，12（3）：799-822.

[36] 贾俊雪. 中国财政分权、地方政府行为与经济增长[M]. 北京：中国人民大学出版社，2015.

[37] 贾俊雪，应世为. 财政分权与企业税收激励——基于地方政府竞争视角的分析[J]. 中国工业经济，2016（10）：23-39.

[38] 贾俊雪，张超，秦聪，冯静. 纵向财政失衡、政治晋升与土地财政[J]. 中国软科学，2016（9）：144-155.

[39] 贾俊雪，张晓颖，宁静. 多维晋升激励对地方政府举债行为的影响[J]. 中国工业经济，2017（7）：5-23.

[40] 贾康，白景明. 县乡财政解困与财政体制创新

[J]. 经济研究, 2002 (2): 3-9.

[41] 贾康, 赵全厚. 中国经济改革 30 年: 1978-2008. 财政税收卷 [M]. 重庆大学出版社, 2008.

[42] 江庆. 分税制与中国纵向财政不平衡度: 基于 Hunter 方法的测量 [J]. 中央财经大学学报, 2007 (1): 13-16.

[43] 江庆. 中国省、市、县乡级纵向财政不平衡的实证研究 [J]. 安徽大学学报 (哲学社会科学版), 2009 (3): 134-140.

[44] 类承曜. 我国地方政府债务增长的原因: 制度性解释框架 [J]. 经济研究参考, 2011, (38): 23-32.

[45] 李涛, 周业安. 中国地方政府间支出竞争研究——基于中国省级面板数据的经验证据 [J]. 管理世界, 2009 (2): 12-22.

[46] 李永友. 经济波动与财政政策稳定效应 [M]. 北京: 中国社会科学出版社, 2007.

[47] 李永友, 马孝红. 地方政府举债行为特征甄别——基于偿债能力的研究 [J]. 财政研究, 2018 (1).

[48] 李永友, 张帆. 垂直财政不平衡的形成机制与激励效应 [J]. 管理世界, 2019, 35 (07): 49-65.

[49] 李永友, 张子楠. 转移支付提高了政府社会性公共品供给激励吗？[J]. 经济研究, 2017 (1): 119-133.

[50] 林春, 孙英杰. 纵向财政失衡、地方政府行为与经济波动 [J]. 经济学家, 2019 (9): 44-53.

[51] 刘成奎, 柯翾. 纵向财政不平衡对中国省级基础教育服务绩效的影响 [J]. 经济问题, 2015 (1): 7-14.

[52] 刘克崮, 贾康. 中国财税改革三十年: 亲历与回

顾[M]．北京：经济科学出版社，2008．

[53] 柳庆刚，姚洋．地方政府竞争和结构失衡[J]．世界经济，2012（12）：3-22．

[54] 刘尚希．分税制的是与非[J]．经济研究参考，2012（07）：22-30．

[55] 龙小宁，朱艳丽，蔡伟贤，等．基于空间计量模型的中国县级政府间税收竞争的实证分析[J]．经济研究，2014（8）：41-53．

[56] 楼继伟．中国政府间财政关系再思考[M]．北京：中国财政经济出版社，2013．

[57] 楼继伟．建立现代财政制度[N]．人民日报，2013-12-16．

[58] 楼继伟．深化事权与支出责任改革推进国家治理体系和治理能力现代化[J]．财政研究，2018（1）：2-9．

[59] 卢洪友，龚锋．经济新常态下的税制改革路径[J]．税务研究，2015（11）：18-23．

[60] 罗丹，陈洁．县乡财政的困境与出路——关于9县（市）20余个乡镇的实证分析[J]．管理世界，2009（3）：72-83．

[61] 马蔡琛．中国政府预算超收资金的形成机理与治理对策[J]．财贸经济，2009（4）：18-22．

[62] 马光荣，杨恩艳．打到底线的竞争——财政分权、政府目标与公共品的提供[J]．经济评论，2010（6）：59-69．

[63] 马光荣，张凯强，吕冰洋．分税与地方财政支出结构[J]．金融研究，2019（8）：20-37．

[64] 马海涛．中国分税制改革20周年：回顾与展望

[M]．北京：经济科学出版社，2014．

[65] 马海涛，任强，秦韶聪．我国财政发展脉络及"十四五"财政改革取向[J]．财政监督，2020，483（21）：29－37．

[66] 毛捷，吕冰洋，马光荣．转移支付与政府扩张：基于"价格效应"的研究[J]．管理世界，2015（7）：29－41．

[67] 米璨．我国地方政府投融资平台产生的理论基础与动因[J]．管理世界，2011（3）：168－169．

[68] 缪小林，伏润民．权责分离、政绩利益环境与地方政府债务超常规增长[J]．财贸经济，2015，（4）：17－31．

[69] 平新乔，白洁．中国财政分权与地方公共品的供给[J]．财贸经济，2006，（2）：49－55．

[70] 钱先航，曹廷求，李维安．晋升压力、官员任期与城市商业银行的贷款行为[J]．经济研究，2011（12）：72－85．

[71] 乔宝云，范剑勇，冯兴元．中国的财政分权与小学义务教育[J]．中国社会科学，2005（6）：37－46．

[72] 乔宝云，范剑勇，彭骥鸣．政府间转移支付与地方财政努力[J]．管理世界，2006（3）：50－56．

[73] 孙秀林，周飞舟．土地财政与分税制：一个实证解释[J]．中国社会科学，2013（4）：40－59．

[74] 孙玉栋，吴哲方．我国预算执行中超收超支的形成机制及治理[J]．南京审计学院学报，2012，9（04）：1－12．

[75] 小林丑三郎．各国财政史．绪[M]．神州国光

社, 1930.

[76] 王国静, 田国强. 金融冲击和中国经济波动 [J]. 经济研究, 2014 (3): 20-34.

[77] 王佳杰, 童锦治, 李星. 税收竞争、财政支出压力与地方非税收入增长 [J]. 财贸经济, 2014, 35 (5): 27-38.

[78] 王美今, 林建浩, 余壮雄. 中国地方政府财政竞争行为特性识别:"兄弟竞争"与"父子争议"是否并存? [J]. 管理世界, 2010 (3): 22-31.

[79] 王杰茹. 分权、地方债务与现代财政改革——基于财政分权不同角度的效应分析 [J]. 当代经济科学, 2016 (6): 82-92.

[80] 王秀芝. 1994—2007: 关于我国财政收支预决算偏差的考察 [J]. 经济问题探索, 2009 (9): 164-167.

[81] 王志刚, 龚六堂. 财政分权和地方政府非税收入: 基于省级财政数据 [J]. 世界经济文汇, 2009 (5): 17-38.

[82] 韦东明, 顾乃华, 魏嘉辉. 财政垂直失衡、公共支出偏向于经济高质量发展 [J]. 经济评论, 2021 (2): 23-43.

[83] 席毓, 孙玉栋. 经济发展、纵向财政失衡与预决算收入偏离——基于2007—2017年中国省级面板数据门限回归的实证分析 [J]. 财贸研究, 2021, 32 (6): 1-11.

[84] 向文君. 财政失衡对企业避税的影响路径分析 [J]. 金融与经济, 2021 (3): 55-62.

[85] 谢贞发, 范子英. 中国式分税制、中央税收征管权集中与税收竞争 [J]. 经济研究, 2015 (4): 92-106.

[86] 辛冲冲,陈志勇徐斯旸. 纵向财政失衡程度测算、地区差异与空间收敛性 [J]. 山西财经大学学报, 2021 (1): 1-13.

[87] 杨志勇. 加快财政事权和支出责任改革推进国家治理体系和治理能力现代化 [J]. 中国财政, 2019 (23): 18-21.

[88] 杨子晖,赵永亮,汪林. 财政收支关系与赤字的可持续性 [J]. 中国社会科学, 2016 (2): 37-58.

[89] 尹恒,朱虹. 县级财政生产性支出偏向研究 [J]. 中国社会科学, 2011 (1): 88-101.

[90] 尹恒,杨龙见. 地方财政对本地居民偏好的回应性研究 [J]. 中国社会科学, 2014, (5): 96-115.

[91] 约朝翰·希克斯. 经济史理论 [M]. 北京:商务印书馆.1987.

[92] 张军,被误读的中国经济 [M]. 东方出版社, 2013.

[93] 张五常. 中国的经济制度 [M]. 中信出版社, 2009.

[94] 张五常. 中国的经济制度 [M]. 中信出版社, 2012.

[95] 赵娜,李光勤,李香菊. 财政纵向失衡,地方政府税收努力与资本错配 [J]. 湖南大学学报(社会科学版), 2020 (6): 83-90.

[96] 赵为民,李光龙. 财政分权、纵向财政失衡与社会性支出效率 [J]. 当代财经, 2016, (7): 24-35.

[97] 赵文哲,杨继东. 地方政府财政缺口与土地出让方式——基于地方政府与国有企业互利行为的解释 [J].

管理世界，2015（4）：11-24.

[98] 周飞舟. 财政资金的专项化及其问题：兼论项目治国[J]. 社会，2012，32（1）：1-37.

[99] 周黎安. 中国地方官员的晋升锦标赛模式研究[J]. 经济研究，2007（7）：36-50.

[100] 周黎安，陈祎. 县级财政负担与地方公共服务：农村税费改革的影响[J]. 经济学：季刊，2015，14（1）：417-434.

[101] 周雪光. 权威体制与有效治理：当代中国国家治理的制度逻辑[J]. 开放时代，2011（10）：67-85.

[102] 朱镕基. 朱镕基讲话实录（第一卷）[M]. 北京：人民出版社，2011，365.

[103] 左翔，殷醒民，潘孝挺. 财政收入集权增加了基层政府公共服务支出吗？以河南省减免农业税为例[J]. 经济学：季刊，2011，10（4）：1349-1374.

[104] Aldasoro I, Seiferling M. Vertical Fiscal Imbalances and the Accumulation of Government Debt [J]. Social Science Electronic Publishing, 2014, 14 (209): 575-582.

[105] Alfred M. Wu, Wang W. Determinants of Expenditure Decentralization: Evidence from China [J]. World Decelopment, 2013, (46): 176-184.

[106] Allers M A. Yardstick competition, fiscal disparities, and equalization [J]. Economics Letters, 2012, 117 (1): 4-6.

[107] Baretti, C, Huber B, Lichtblau K. A Tax on Tax Revenue: The Incentive Effects of Equalizing Transfers: Evidence from Germany [J]. International Tax and Public

Finance, 2002, 9 (6): 631 - 649.

[108] Baskaran T, Brender A, Blesse S, et al. Revenue decentralization, central oversight and the political budget cycle: Evidence from Israel [J]. Center for European, Governance and Economic Development Research Discussion Papers, 2016, 42 (Mar.): 1 - 16.

[109] Ben - Bassat A, Dahan M, Klor E F. Is Centralization a Solution to the Soft Budget Constraint Problem? [J]. European Journal of Political Economy, 2016, 45: 57 - 75.

[110] Bird R M. Transfers and Incentives in Intergovernmental Fiscal Relations [J]. Physiotherapy, 2000, 18 (2): 73 - 80.

[111] Bird R M. Fiscal Flows, Fiscal Balance, and Fiscal Sustainability [J]. Rotman School of Management, University of Toronto: Working Paper, 2003: 01 - 024.

[112] Blanchard O J. Suggestion for a New Set of Fiscal Indicators [J]. OECD Economics Department Working Papers, 1990.

[113] Boadway R. The Theory and Practice of Equalization [J]. Working Papers, 2004, 50 (1): 211 - 254.

[114] Boadway R, Cuff K, Marchand M. Equalization and the Decentralization of Revenue - Raising in a Federation [J]. Journal of Public Economic Theory, 2003, 5 (2): 201 - 228.

[115] Boadway R, Tremblay J F. A theory of fiscal imbalance [J]. Finanz Archiv, 2006, 62: 1 - 27.

[116] Boadway R, Tremblay J F. Mobility and fiscal im-

balance [J]. National Tax Journal, 2010, 63: 1023 – 1054.

[117] Boetti L, Piacenza M, Turati G. Decentralization and Sub – national Governments' Performance: How Does Fiscal Autonomy Affect Spending Efficiency? [J]. FinanzArchiv, 2012, 68 (3): 269 – 302.

[118] Bordignon M, Gamalerio M, Turati G. Decentralization, Vertical Fiscal Imbalance, and Political Selection [J]. Working Papers, 2013, 29 (11): 588 – 592.

[119] Bouton L, Gassner M, Verardi V. Redistributing income under fiscal vertical imbalance [J]. European Journal of Political Economy, 2008, 24: 317 – 328.

[120] Brixi H P. Government contingent liabilities: a hidden risk to fiscal stability [J]. Journal of Public Budgeting, Accounting & Financial Manangement, 2001, 13 (4): 582.

[121] Calsamiglia X, Garcia – Milà T, McGuire T J. Tobin meets Oates: solidarity and the optimal fiscal federal structure [J]. International Tax Public Finance, 2013, 20 (3): 450 – 473.

[122] Cevik S. Size matters: fragmentation and vertical fiscal imbalances in Moldova [J]. Empirica, 2017, 44 (2): 367 – 381.

[123] Collins D J. The 2000 Reform of Intergovernmental Fiscal Arrangements in Australia [R]. International Symposium on Fiscal Imbalance: A Report. Canada: Commission on Fiscal Imbalance, 2002: 113 – 144.

[124] Crivelli E. Local governments' fiscal balance and privatization in transition countries [J]. Economics of Transi-

tion, 2012, 20: 677 – 703.

[125] Crumpler H, Grossman P J. An experimental test of warm glow giving [J]. Journal of Public Economics, 2008, 92 (5 – 6): 1011 – 1021.

[126] Dahlby B, Rodden J. A political economy model of the vertical fiscal gap and vertical fiscal imbalances in a federation [J]. The IEB Working Papers, 2013, 18.

[127] Daniel B, Claire C, Dirk – Jan K, et al. Intergovernmental transfers and decentralised public spending [J]. OECD Working Paper, 2006, No. 3.

[128] Darby J, Muscatelli V A, Roy G. Fiscal Consolidation and Decentralisation: A Tale of Two Tiers [J]. Fiscal Studies, 2010, 26 (2): 169 – 195.

[129] Dollery B. A Century of Vertical Fiscal Imbalance in Australian Federalism [J]. History of Economics Reiew, 2002, 36 (1): 26 – 43.

[130] Dziobek C, Mangas C G, Kufa P. Measuring fiscal decentralization: exploring the IMF's databases: IMF Working Papers [R]. [S. l.: s. n.], 2011.

[131] Eyraud L, Lusinyan L. Vertical fiscal imbalance and fiscal performance in advanced economies [J]. Journal of Monetary Economics, 2013, 60 (5): 571 – 587.

[132] Faguet J P. Does decentralization increase government responsiveness to local needs? Evidence from Bolivia [J]. Journal of Public Economics, 2004, 88 (3 – 4): 867 – 893.

[133] Fisher R C. Income and Grant Effects on Local Expenditure: The Flypaper Effect and Other Difficulties [J].

Journal of Urban Economics, 1982, 12 (3): 324-345.

[134] Fisman R, Gatti R. Decentralization and Corruption: Evidence from U. S. Federal Transfer Programs [J]. Public Choice, 2002, 113 (1/2): 25-35.

[135] Goodspeed T J. Bailouts in a Federation [J]. International Tax & Public Finance, 2002, 9 (4): 409-421.

[136] Grewal B. Vertical Fiscal Imbalance in Australia: A Problem for Tax Structure, Not Revenue Sharing [J]. CSES Working Paper, 1995, No. 2.

[137] Guccio C, Pignataro G, Rizzo I. Do local governments do it better? Analysis of time performance in the execution of public works [J]. European Journal of Political Economy, 2014, 34 (9): 237-252.

[138] Guo G. Vertical imbalance and local fiscal discipline in China [J]. Journal of East Asian Studies, 2008, 8 (1): 61-88.

[139] Hagen J V, Eichengreen B. Federalism, Fiscal Restraints, and European Monetary Union [J]. American Economic Review, 1996, 86 (2): 134-138.

[140] Hardin G. The Tragedy of the Commons [J]. Science, 1968, 162: 1243-1248.

[141] Hettich W, Winer S, Vertical imbalance in the fiscal systems of federal states [J]. Canadian Journal of Economics, 1986, 4: 745-765.

[142] Hindriks J, Peralta S, Weber S. Competing in taxes and investment under fiscal equalization [J]. Cepr Discussion Papers, 2007, 92 (12): 2392-2402.

[143] Hunte J S H. Federalism and Fiscal Balance [M]. Canberra: ANU Press, 1977.

[144] Inman R P, Rubinfeld D L. Designing tax policy in federalist economies: An overview [J]. Journal of Public Economics, 1996, 60 (3): 307 - 334.

[145] Inman R P. Transfers and Bailouts: Institutions for Enforcing Local Fiscal Discipline [J]. Constitutional Political Economy, 2001, 12 (2): 141 - 160.

[146] Ivanyna M. Theory of efficiency - enhancing inter-jurisdictional transfers [J]. University Regensburg Working Paper Series, 2010.

[147] Jia J X, Guo Q W, Zhang J. Fiscal Decentralization and Local Expenditure Policy in China [J]. China Economic Review, 2014 (28), 107 - 122.

[148] Jia J X, Liu Y Z, Martinez - Vazquez L, Zhang K W. Vertical Fiscal Imbalance and Local Fiscal Discipline: Empirical Evidence from China [J]. International Center for Public Policy Working Paper, 2017, No. 17.

[149] Jin J, Zou H F. How does fiscal decentralization affect aggregate, national, and subnational government size? [J]. Journal of Urban Economics, 2000, 52 (2): 270 - 293.

[150] Jing V Z. Strategy for Fiscal Survival? Analysis of local extra - budgetary finance in China [J]. Journal of Contemporary China, 2013, 22 (80): 185 - 203.

[151] Joanis M. Shared accountability and partial decentralization in local public good provision [J]. Journal of Development Economics, 2014, 107 (1): 28 - 37.

[152] Kamp D V D, Lorentzen P, Mattingly D. Racing to the Bottom or to the Top? Decentralization, Revenue Pressures, and Governance Reform in China [J]. World Development, 2017, 95: 164-176.

[153] Karpowicz I. Narrowing Vertical Fiscal Imbalances in Four European Countries [J]. IMF Working Papers, 2012, 7 (3).

[154] Keen M, Marchand M. Fiscal competition and the pattern of public spending [J]. Core Discussion Papers Rp, 1997, 66 (1): 33-53.

[155] Keen M, Kotsogiannis C. Does Federalism Lead to Excessively High Taxes? [J]. American Economic Review, 2002, 92 (1): 363-370.

[156] Khemani S. Can Delegation Promote Fiscal Discipline in a Federation? Evidence from Fiscal Performance in the Indian States [C]. Conference Background Paper. Columbia University: Initiative for Policy Dialogue. 2006.

[157] Kim J. Intergovernmental Distribution of VAT Revenue in Korea: Local Consumption Tax [J]. Korean Economic Review, 2014, 30 (1): 109-131.

[158] Köppl-Turyna M, Pitlik H. Do equalization payments affect subnational borrowing? Evidence from regression discontinuity [J]. European Journal of Political Economy, 2018, 53: 84-108.

[159] Kornai J. "HARD" AND "SOFT" BUDGET CONSTRAINT [J]. Acta Oeconomica, 1980, 25 (3/4): 231-245.

[160] Kotsogiannis C, Schwager R. Accountability and fiscal equalization [J]. Journal of Public Economics, 2008, 92 (12): 2336-2349.

[161] Lago-Peñas S, Martinez-Vazquez J, Sacchi A. Fiscal stability during the Great Recession: putting decentralization design to the test [J]. Regional Studies, 2020, 54.

[162] Liddoa G D, Longobardib E, Porcelli F. Fiscal Imbalance and Fiscal Performance of Local Governments: Empirical Evidence from Italian Municipalities [R]. Working Paper, 2015.

[163] Liu Y Z. Does competition for capital discipline governments? The role of fiscal equalization [J]. International Tax & Public Finance, 2014, 21 (3): 345-374.

[164] Lockwood B. Inter-regional insurance [J]. Journal of Public Economics, 1999, 72 (1): 1-37.

[165] Lorz O, Willmann G. On the endogenous allocation of decision powers in federal structures [J]. Journal of Urban Economics, 2005, 57 (2): 242-257.

[166] Madden J. Economics of Vertical Fiscal Imbalance: An Applied General Equilibrium Approach [J]. The Australia Tax Forum, 1993, 75.

[167] Mckinnon R I. Market-preserving fiscal federalism in the American Monetary Union [J]. Spectrum Journal of State Government, 1995.

[168] Meloni O. Electoral Opportunism and Vertical Fiscal Imbalance [J]. Journal of Applied Economics, 2016, 19 (1): 145-167.

［169］Miyazaki T. Intergovernmental Fiscal Transfers and Tax Efforts: Evidence from Japan［J］. Mpra Paper, 2016.

［170］Montinola G., Qian Y. and Weingast R., 1995, Federalism, Chinese style: the political basis for economic success in China, World Politics, 48 (1): 5 – 81.

［171］Musgrave R A. The Theory of Public Finance［M］. NY: McGraw Hill, 1959.

［172］Musgrave R A, Musgrave P B. Public Finance in Theory and Practice［M］. NY: McGraw Hill, 1989.

［173］Oates W E. Fiscal Federalism［M］. NY: Harcourt Brace Jovanovich, 1972.

［174］Oates W E. Fiscal Decentralization and Economic Development［J］. National Tax Journal, 1993, 46 (2): 237 – 243.

［175］Oates W E. An Essay on Fiscal Federalism［J］. Journal of Economic Literature, 1999, 37 (3): 1120 – 1149.

［176］Oates W E. Toward A Second – Generation Theory of Fiscal Federalism［J］. International Tax & Public Finance, 2005, 12 (4): 349 – 373.

［177］Paula S, Albert S O. Partial fiscal decentralization reforms and educational outcomes: A difference – in – differences analysis for Spain［J］. Journal of Urban Economics, 2018, 107 (SEP.): 31 – 46.

［178］Qian T, Zhang Q. Intra – provincial Revenue Sharing and the Subnational Government's Fiscal Capacity in China: The Case of Zhejiang Province［J］. China & World Economy, 2018, 26 (4): 24 – 40.

[179] Qian Y, Roland G. Federalism and the Soft Budget Constraint [J]. American Economic Review, 1998, 88 (5): 1143-1162.

[180] Rodden J. The Dilemma of Fiscal Federalism: Grants and Fiscal Performance around the World [J]. American Journal of Political Science, 2002, 46 (3): 670-687.

[181] Rodden J A, Eskeland G S, Litvack J. Fiscal Decentralization and the Challenges of Hard Budget Constraint [M]. MIT Press, Cambridge, MA, 2003.

[182] Sanguinetti P, Tommasi M. Intergovernmental Transfers and Fiscal Behavior: Insurance versus Aggregate Discipline [J]. Journal of International Economics, 2003, 62 (1): 149-170.

[183] Shah A. A practitioner's guide to intergovernmental fiscal transfers, in Boadway R. and Shah A. (eds), Intergovernmental Fiscal Transfers [R]. Washington DC: World Bank, 2007: 1-51.

[184] Sharma C K. Rescuing the concept of vertical fiscal imbalance [J]. MPRA Paper, 2007, No. 39343.

[185] Sharma C K. Beyond gaps and imbalances: restructuring the debate on intergovernmental fiscal relations [J]. Public Administration – an International Quarterly, 2012, (90): 99-128.

[186] Slack E. Local Fiscal Response to Intergovernmental Transfers [J]. Review of Economics & Statistics, 1980, 62 (3): 364-370.

[187] Stratmann T, Crivelli E, Leive A. Subnational

Health Spending and Soft Budget Constraints in OECD Countries [J]. IMF Working Papers, 2010, 10 (10/147).

[188] Talvik E, Vegh C A. Tax base variability and pro-cyclical fiscal policy [J]. Journal of Development Economics, 2004, 78 (1): 156 – 190.

[189] Tiebout C M. A Pure Theory of Local Expenditures [J]. Journal of Political Economy, 1956, 64 (5): 416 – 424.

[190] Ting Chen and James Kai – sing Kung. Do Land Revenue Windfalls Create a Political Resource Curse? Evidence from China [J]. Journal of Development Economics, 2016, (123): 86 – 106.

[191] Treisman D, Bannerjee S, Bloom S, et al. Decentralization and the Quality of Government [J]. Manuscript Ucla, 2000.

[192] Tsui K Y. Local Tax System, Intergovernmental Transfers and China's Local Fiscal Disparities [J]. Journal of Comparative Economics, 2005, 33 (1): 173 – 196.

[193] Velasco A. Debts and deficits with fragmented fiscal policymaking [J]. Journal of Public Economics, 1998, 76 (1): 105 – 125.

[194] Vo D H. The Economics of Fiscal Decentraliaxtiong [J]. Journal of Economic Surveys, 2010, 24 (4): 657 – 679.

[195] Wang X, Herd R. The System of Revenue Sharing and Fiscal Transfers in China [J]. OECD Economics Department Working Papers, 2013.

[196] Weingast B R, Shepsle K A, Johnsen C. The Political Economy of Benefits and Costs: A Neoclassical Approach to

Distributive Politics [J]. Journal of Political Economy, 1981, 89 (4): 642-664.

[197] Weingast B R. Second generation fiscal federalism: The implications of fiscal incentives [J]. Journal of Urban Economics, 2009, 65 (3): 279-293.

[198] Wildasin D E. Introduction: Fiscal Aspects of Evolving Federations [J]. International Tax & Public Finance, 1996, 3 (2): 121-135.

[199] Wildasin D E. The institutions of federalism: toward an analytical framework [J]. National tax association, 2004, 57 (2): 247-272.

[200] Xu C. The Fundamental Institutions of China's Reforms and Development [J]. Journal of Economic Literature, 2011, 49 (4): 1076-1151.

[201] Yao Y. The Chinese Growth Miracle [J]. Handbook of Economic Growth, 2014, 2: 943-1031.

[202] Zedda M K, Testa D, Cannas B, et al. Does Competition for Capital Discipline Governments? Decentralization, Globalization and Public Policy [J]. American Economic Review, 2005, 95 (3): 817-830.